METİN HARA
& insanagüven

İyiliğin Bilim Hali

DESTEK YAYINLARI: 918
GÜNCEL: 74

METİN HARA / İYİLİĞİN BİLİM HALİ

Her hakkı saklıdır. Bu eserin aynen ya da özet olarak hiçbir bölümü, yayınevinin yazılı izni alınmadan kullanılamaz.

İmtiyaz Sahibi: Yelda Cumalıoğlu
Genel Yayın Yönetmeni: Ertürk Akşun
Yayın Koordinatörü: Özlem Esmergül
Editör: Özlem Esmergül
Son Okuma: Devrim Yalkut
Kapak Tasarım: İlknur Muştu
Sayfa Düzeni: Cansu Poroy
Sosyal Medya-Grafik: Tuğçe Budak - Mesud Topal

Destek Yayınları: Mart 2018
Yayıncı Sertifika No. 13226

ISBN 978-605-311-388-1

© Destek Yayınları
Abdi İpekçi Caddesi No. 31/5 Nişantaşı/İstanbul
Tel. (0) 212 252 22 42 – Faks: (0) 212 252 22 43
www.destekdukkan.com – info@destekyayinlari.com
facebook.com/DestekYayinevi
twitter.com/destekyayinlari
instagram.com/destekyayinlari
www.destekmedyagrubu.com

Gezegen Basım San. ve Tic. Ltd. Şti.
Matbaa Sertifika No. 12002
100. Yıl Mah. Matbaacılar Sit.
2. Cad. No. 202/A Bağcılar/İstanbul
Tel.: (0) 212 325 71 25

METİN HARA

& insanagüven

İyiliğin Bilim Hali

#iyilikkazanacak

DESTEK
yayınları

Katkıda Bulunanlar

Ahenk Paksoy
Aysu Karayazgan
Ayşegül Boz Baltacı
Cansen Deval
Ceren Karamağaralı
Damla Koç
Dilara Duman
Ersin Ozan Sert
Gülçin Sezer
Gülten Tekeli
İlay Can
İlayda Acır
İzzet Dalva
K. Zeynep Nurfer Kalaycı
Melek Önal
Melike Gönül Aybek
Neşe Enginol
Nihan Şeker
Nurettin Kulak
Onur Sınar
Özge Coşkun
Selin Alan
Serap Cantürk
Şebnem Kurtul
Şenay Güner
Şenay Şenoğlu
Tuba Çandar
Ümmügülsüm Karaşahin

"Her yıl ülkenin 81 ilinde 133 gençlik topluluğu şeklinde bir araya gelen Toplum Gönüllüsü gençler temaları hayvanlardan insan haklarına; ekolojiden toplumsal cinsiyet eşitliğine; çocuklardan eğitime, gençlik haklarına dek birçok farklı toplumsal ihtiyaca dokunan 1.800'ü aşkın sosyal sorumluluk projesi hayata geçiriyor. *İyiliğin Hareket Hali* ve *İyiliğin Bilim Hali* kitaplarından elde edilecek gelirin bir kısmı gençlerin sosyal sorumluluk projelerine aktarılmak üzere Toplum Gönüllüleri Vakfı'na bağışlanacaktır."

www.tog.org.tr

Önsöz

"İyilik" aslında her çocukla birlikte doğar dünyaya... O sadece iyidir. Hem de en hakiki, en saf haliyle...
Biliyorum.
"Ama kötü çocuklar da var" diyorsun içinden.
Oysa çocukların kalbi kötü değildir. Sadece kötü davranmayı öğrenmişlerdir o kadar.
"İyilik" çocuğun doğasıdır. Yapıtaşıdır. Değiştirilemez, yok edilemez. Çocuk da yetişkinin doğasıdır.
Etrafına bir bak...
Sevdiğin, tanıdığın herkesin yaraları var... İnsanlar mutsuz... Neyin daha önemli olduğunu unutmuşuz sanki. Para kazanmak için mutluluk ve zaman veren yetişkinler belki de en büyük bedeli doğalarına ihanet ederek ödüyorlar.
Aslında bu bir kısırdöngü... Çünkü yaralanan insanlar başkalarını yaralarlar. İnsanlık tarihine baktığında da dünyaya en büyük vahşeti saçmış olanlarla, dünyaya en büyük yardımı yapmış olanların, benzer bir geçmişten geldiğini görürsün.
Her yaralandığımızda başkasını yaralarsak, sence nasıl bir dünya inşa etmiş oluruz?
İstersen bir kez daha düşün. Hatta hisset...
Peki ya sen şimdi bu kısırdöngüye meydan okusaydın ne olurdu? Ya arkadaşlarının da aynı şeyi yapsalardı? Hatta başkaları da...

O zaman ne olurdu?

İyiliğin Bilim Hali, birçok farklı çalışmayla engellilerin, hastaların, hasta yakınlarının, doğanın, hayvanların, iyiliğin bilimini gözler önüne seriyor. Bütün yaraların bağıracak sana "İnsanlar kötüdür! Savunmada kal" diye. Zihnin her sayfayı çevirdiğinde "Biliyordum işte!" diye coşkuyla kucaklayacak oradaki çalışmayı. Kalbinse kitabın sonunda fısıldayacak kendi gerçeğini: "İnsanlar iyidir!"

Bazı değerli dostların seni "hayalperest" bile bulabilirler. Onlar kendilerinin gerçekçi oldukları yanılsaması içerisinde seni eleştirebilirler de. Asla onlarla tartışma, onlara sırtını dönme. Onlar aslında sana saldırarak yardım çağrısında bulunuyorlardır. Onlara daha da iyi davran. Ta ki doğalarını hatırlayana kadar...

Bu kitabı okurken "iyiliğin her hali" adlı iyilik hareketinin seninle başlayacağını hissedeceksin... Şimdi doğanı haykırma zamanı...

Sana şimdiye kadar "Başkalarına yardım et, bu onlara iyi gelir" dediler. Peki ya ben sana, başkalarına yardım ederken aslında kendine yardım ettiğini söylersem? İyiliğin bir seçim, hobi ve jest olmadığını, aslında bir ihtiyaç olduğunu hatırlatırsam? Sadece iyilik görenlerin değil, iyiliği yapanın da ihtiyacı...

Lütfen kitaptaki araştırmaları okuyup kapağı kapatma, harekete geç. Başkasının yaşamına dokunduğunda, çok insanın yaşamına dokunursun.

"İyiliğin her hali" adım adım hayatın her alanına dokunan farklı bir seri olacak... Ardından büyük bir iyilik hareketi başlayacak... Bu kitapları kaleme alarak biz üzerimize düşen ilk adımı attık. Dünyayı değiştirmek için sen de bir adım at...

Araştırmaları okurken akademik makalelerin daha tutucu ve bilimsel sınırlara sahip olduğunu unutmamanı öneririm. Okuduğunu unutmamanı öneririm. Sonuçta bütün bu çalışmalar belirli bir erdemle eşleştirilmelidir.

Her okuyanın öz'e odaklanacağını ve bu çalışmaları zihniyle analiz edip kalbiyle idrak edeceğini biliyorum.

"İyiliğin her hali" sıfatlara kör, lidersiz bir iyilik hareketi... Bu hareketin içerisinde, fark gözetmeksizin her insan, birçok eğitim kurumu, değerli STK'lar, farklı kurumsal yapılar birleşmelidir. Her konuda fikir ayrılığımız olabilir... Ama iyilik konusunda değil.

İyilik adına atılan hiçbir adımı küçümsemeden, yargılamadan iyiliğe izin vermeliyiz... Çünkü inanıyoruz ki:

> **"Herkese iyilik yapma şansı tanınmalı."**

Dünyayı değiştirmek mi istiyorsun?
Önce kendinden başla.
İyiliği uzakta arama.
Küçük de olsa bir adım at.

#iyilikkazanacak
www.iyiliginherhali.com

1. Hep söyledik! İnsanlar iyidir

Yale Üniversitesi Çocuk Bilişsel Kavrama Merkezi'nde yapılan araştırma, 3-6 aylık bebeklerin yardımsever olan/olmayan insanları ayırt edebildiklerini gösteriyor.

Araştırmada laboratuvar ortamında bebeklerden, farklı davranışlar sergileyen kuklalar arasında seçim yapmaları istendi. 6 aylık bebeklere üç farklı kukla izletilmiş. Ortadaki kukla elindeki topu sağdaki kuklaya atınca bu kukla topu ortadaki kuklaya geri verirken soldaki kukla aynı şekilde kendisine verilen topu alıp kaçmış.

Ardından bebeklere soldaki veya sağdaki kuklanın önündeki şekerlerden birini alma fırsatı verilmiş. Deneyin sonunda görülmüş ki bebekler istatistiksel olarak anlamlı şekilde daha önceki oyun sırasında yaramazlık yapan ve topu alıp kaçan kuklaya ceza olarak onun önündeki şekeri almayı tercih etmişler.

Benzer bir deneyde araştırmacılar bebeklere iki olay izletmişler. İlk kurguda birinci kukla bir tepeye çıkmaya çalışmış fakat başaramamış. İkinci kukla, birinci kuklayı iterek ona yardımcı olmuş ve tepeye çıkmasını sağlamış.

İkinci kurguda ise üçüncü kukla engelleyici olarak sahneye çıkmış ve tepeye tırmanmaya çalışan kuklayı çekerek yukarı çıkmasını engellemiş.

Sonuç ne mi olmuş?

Bebeklerin yüzde 80'i, yardımsever kuklaya uzanmışlar.

"İyiliğin ilmine sahip olmayana, bütün diğer ilimler zarar verir."

– Montaigne

2. Dans ayakların şiiridir

Fiziksel egzersiz, beynin hafızayı, öğrenmeyi ve dengeyi kontrol eden hipokampus bölgesi sayesinde yaşlanmayı geciktiren bir etkiye sahip...

Mesela Alzheimer de beynin bu bölgesiyle ilgili oluşan bir rahatsızlık...

Fiziksel egzersiz, beynin yaşlanmasını geciktirdiği gibi Alzheimer riskini de azaltıyor.

Bu noktada "Egzersiz türlerinin birbirlerine üstünlüğü var mı?" diye sormak mümkün...

Sorunun cevabını bulmak üzere yapılan ve *Frontiers in Human Neuroscience* dergisinde yayımlanan bir araştırma için 68 yaş civarındaki gönüllüler iki gruba ayrılmışlar. Birinci gruba 18 ay boyunca her hafta yürüyüş, bisiklet gibi tekrarlanarak yapılan bir egzersiz programı uygulanmış, diğer gruba ise her hafta yeni figürlerin öğretildiği bir dans programı belirlenmiş. Dansların cazdan Latin'e, valsten sıra dansına kadar çeşitlilik göstermesi, adımların ve ritimlerin sürekli değişmesi, koreografiyi bir eğitmenin yönlendirmesi olmadan kendi başlarına hatırlamak ve uygulamak durumunda olmaları da işin cabası...

Peki sonuç ne?

Dans grubundaki gönüllüler daha zinde... Zihinsel yetileri daha yüksek... Üstelik fiziksel dengeleri de belirgin şekilde gelişmiş.

Müziğin ve hareketin bir araya geldiği dans aktivitesi, hem zihin hem de beden açısından bir şifa egzersizi sayılabilir.

3. Nesilden nesile iyilik

Zihinsel ve fiziksel açıdan hızla büyüdükleri süreçte, yeterince sıcaklık ve sevgi gören çocuklar sağlıklı ve mutlu bireyler oluyorlar.

Nörobilim, duygusal öğrenme ve pozitif psikoloji uzmanı Patty O'Grady, çocukların ve ergenlerin, üzerinde düşünerek veya konuşarak değil hissederek "iyiliği" öğrendiklerini belirtiyor.

Bilimsel çalışmalar duygusal, fiziksel ve zihinsel sağlığın iyilik yapmakla yakından ilgili olduğunu gösteriyor. Küçük de olsa iyilik yapmak vücutta bazı önemli hormonların salgılanmasına sebep oluyor.

Örneğin, iyilik yapmak beynin mutluluk, sosyal bağlar ve güven kısmını uyaran endorfin hormonunun salgılanmasına sebep oluyor. Endorfin enerjiyi yükseltiyor, iyimser olmayı ve iyi hissetmeyi sağlıyor.

Yine iyilik yapmakla aktive olan oksitosin hormonu sayesinde stres seviyesi düşerken mutluluk seviyesi artıyor, kan basıncı dengeleniyor.

Salgılanan serotonin hormonu ise öğrenmeyi, hafızayı, uyku kalitesini, sağlığı ve sindirimi olumlu yönde etkiliyor. Serotonin seviyesi yükselen çocuklar öğrenmeye daha hevesli oluyorlar, çözümcül ve yaratıcı düşünüp dikkatlerini uzun süreli odaklayabiliyorlar.

İyilik yapmak çocuklarda ve ergenlerde empati ve şükran duygusunun beslenmesini sağlıyor. Böylece depresyon riskini ve anksiyeteyi azaltıyor, daha mutlu, yaratıcı, sosyal ilişkileri güçlü ve sağlıklı bireyler oluyorlar.

4. Sen sus oksitosinin konuşsun

Kaliforniya Claermont Üniversitesi'nden nöroekonomist Dr. Paul Zak'ın üniversitedeki laboratuvarı, insanların duygularının kimyasal temelinin araştırılmasına dönük çalışmalara öncülük ediyor. Burada yapılan araştırmalar gösteriyor ki sosyal ortamlarda birbirleriyle ilişki kuran insanlarda çeşitli seviyelerde oksitosin salgılanıyor.

Peki nedir oksitosin hormonu?

Oksitosin hormonu, tabii ki mutluluk hormonudur.

İlişki kurduğun kişiyle olan bağın, bedeninde salgılanan oksitosin miktarını değiştirir. Örneğin bir yabancıyla el sıkışmak oksitosin seviyesini yüzde 5 ila yüzde 10 değiştirir.

Tokalaştığın kişi sana çekici geldiyse seviye yüzde 50'lere kadar çıkar. Çocuğuna, evcil hayvanına ya da çok sevdiğin birine sıkıca sarıldığında oksitosin seviyesi yüzde yüzlere kadar çıkar.

Bir odada evcil bir hayvanla 15 dakika boyunca baş başa vakit geçiren deneklerin yaklaşık yüzde 30'unda oksitosin miktarının arttığı saptanmıştır. Aynı araştırmada, evcil hayvan sahibi olan kişilerin odada karşılaştıkları hayvanla daha çabuk bağ kurabildikleri görülmüş.

Oksitosin hormonu bağışıklık sistemini güçlendirir, acı hissini azaltır, sosyal bağların kurulmasını sağlar, stres seviyesini düşürür, kan basıncını dengeler. Sarılmak, selamlaşmak, hayvan sevmek, hatta sadece gülümsemek bile kandaki oksitosin miktarını artırır.

5. Şiirin özgürleştirici gücü

Sence zihni özgürleşen bir mahkûm nasıl bir değişim geçirir? İşte bu sorunun şahane bir örneği var.

Cristina Domenech, Buenos Aires'te bulunan bir cezaevinde (Unit 48) mahkûmlarla yaptığı görüşmelerde sadece fiziksel olarak yasaklara ve kısıtlanmışlığa mahkûm olmadıklarını, aynı zamanda psikolojik esaret de yaşadıklarını gözlemler.

Mahkûmlar hem bedensel hem de zihinsel olarak tutsaktırlar aslında. Çünkü bu hapishanede ağlamak yasaktır. Ayrıca "zaman", "gelecek", "dilek" gibi umut hissettiren kelimeleri kullanmak da yasaktır. Hatta hayal etme özgürlükleri de yoktur.

Cristina Domenech yasaklanmış bütün bu duyguların aslında bir şiirin hammaddesi olduğunu düşünür ve mahkûmlar için bir şiir yazma atölyesi organize eder.

Öncelikle kısa şiirler okumalarını ister. Ancak bu kısa şiirleri mümkün olduğunca çok okumalarını söyler.

"Şiir sanatı eksiklikleri güzelliklere çeviren bir simya bilimidir."

– L. Aragon

Mahkûmlar şiir okuma çalışmaları yaparken şiirsel dilin bile duygusal tutsaklığı nasıl da kırdığını fark ederler. Yeni süreçte artık her biri oldukça hızlı anlayan, duygularını ve düşüncelerini kolaylıkla ifade edebilen insanlar olmuşlardır.

6. Şükürler olsun

UC Davis'te (University of California, Davis) Psikoloji Profesörü olan Robert Emmons'a göre şükretmek, kişilerin anı yaşayıp kutlamalarını ve kendi yaşamlarına aktif olarak katılabilmelerini sağladığı için çok işe yarıyor. Kişinin kendine, arkadaşlarına, yaşadıklarına, içinde bulunduğu şartlara değer vermesi, zihninin, yoksunluklardan ziyade sahip olduklarına odaklanmasını sağlıyor.

Şükretmeyi alışkanlık haline getirmek, kan basıncını düşürüyor, bağışıklık sistemini güçlendiriyor ve daha kaliteli bir uyku sağlıyor. Ayrıca pişmanlık, depresyon, anksiyete, madde bağımlılığı ve intihar riskini azaltıyor, kreatinin ve C-reaktif protein seviyelerini düşürüyor.

"Yolculuğunuza minnettar olun çünkü o tamamen size ait."
— La Rochefaucauld

Şükretmek ruhsal durumu olduğu kadar davranışları da etkiliyor. Yapılan çalışmalar gösteriyor ki şükreden insanlar diyetlerine dikkat edebiliyorlar, daha çok fiziksel egzersiz yapıyorlar, büyük oranla sigara-alkol kullanmıyorlar (ya da daha az kullanıyorlar), daha sağlıklı ve mutlu bir hayat sürüyorlar.

Zihin yapısını ve direkt olarak biyokimyayı etkiler. Dolayısıyla şükretmeyi alışkanlık haline getirmek, sağlıklı ve mutlu bir yaşam sürmenin anahtarıdır.

7. Kendinle ol, yalnız kalma

Yalnızlık sübjektif bir histir. "Kalabalıklar içindeki yalnızlık" deyişini son yıllarda çokça duyuyor olmalısın.

Ailen, dostların, arkadaşların, takipçilerin var ama hissettiğin derin yalnızlık duygusuyla baş edemiyorsun...

Yalnızlık hissi, fiziksel ve psikolojik stresi artırarak bağışıklık sistemini olumsuz yönde etkiler. Üstelik kronik yalnızlık, maalesef erken ölüm ihtimalini yüzde 26 artırıyor.

Yalnızlık hissi bir süre sonra algılarını da etkiler. Değersizlik hissini de beraberinde getirir. Oluşan bu hisler yüzünden giderek sosyal olarak gerçekten yalnızlaşmak, sosyal çevreden uzaklaşmak ve kimseyle görüşmemek reaksiyonu ortaya çıkar.

Aslında yalnız olduğun için kendini yalnız hissetmezsin, yalnız hissettiğin için zamanla yalnızlaşırsın. İkisi arasındaki fark çok önemli...

Yalnızlaşmaktan kurtulmanın ilk ve en önemli adımı, yalnızlık hissinin farkına varmak ve bu hissi dönüştürmektir.

Kendini değersiz ve yalnızlaşmış hissediyor olsan da arkadaşlarını ara, ailenle vakit geçir, sosyal ortamlarda bulunabileceğin organizasyonlar yap. Algın değişmeye başladığında, tepkilerin de değişecektir. Tepkilerin değiştiğinde yaratacağın sonuçlar da değişir.

Evet, yalnızlık acı veren bir his... Ne var ki yalnızlığın oluşturduğu algı bozukluğunu fark ettiğin an cesaretini toplayarak bu tuzaktan kaçman mümkün.

8. Yetenek kası da antrenmanla gelişir

Drexel Üniversitesi'nden Girija Kaimal ve ekibinin yaptığı bir araştırma sırasında sanatçı olan ve olmayan kadınlarla erkeklerden oluşan 26 kişilik bir grup katılımcıya, sanatsal faaliyetler sırasında beyinlerinde oluşan aktivasyonları ölçmek üzere fonksiyonel yakın kızılötesi spektroskopisi (fNIRS) başlıkları verildi.

Katılımcılar önce üçer dakika boyunca mandala boyadılar, arkasından kâğıda işaretlenmiş noktaları birleştirdiler ve serbest çizim yaptılar. Bu sırada katılımcıların prefrontal korteks beyin alanlarındaki kan ve oksijen akışının ölçümleri de yapıldı.

Prefrontal korteks, beynin düşünce, duygu ve davranışla ilgili olan bölümüdür. Ayrıca beynin duygusal, motivasyonel ve ödül mekanizmasıyla da doğrudan bağlantılıdır. Kısacası bu bölgede oluşan bir hareketlilik, ödüllendirilmeyle gelen hislerin aynısını aktive eder.

Araştırmanın sonuçlarına göre deney sırasında uygulanan üç aktivitenin de katılımcıların yaratıcı fikirler geliştirmesini sağladığı görüldü. Söz konusu bu görsel sanat çalışmalarının beynin bağlantı kurma becerisini artırdığı saptandı. Ayrıca bu çalışmaları aktif olarak yapmadığı halde sadece izleyici kalanların da prefrontal kortekslerinde aktivasyon oluştuğu gözlemlendi.

Katılımcılar, deneyin sonunda problem çözme becerilerini daha yüksek puanladılar. Kendilerini çok daha olumlu değerlendiriyorlardı.

9. Zihin sessizleşirse beden iyileşir

National Geographic dergisinden gazeteci Florence Williams, doğa ve insan arasındaki bağlantıyı inceledikleri bir sayıda pek çok araştırmaya dikkat çekmiş.

Utah Üniversitesi bilişsel psikoloji uzmanlarından David Strayer'a göre, yorgun bir zihni toparlamanın en güzel yolu hızlı yaşamaktan vazgeçip, bir nebze de olsa her şeyden uzaklaşmak ve doğada biraz zaman geçirmek.

Günlük koşturmacanın hızını kesmek ve doğayla mola vermek, zihni boşaltan, dinlendiren bir aktivite. Böylece sakinleşen zihnin, problem çözme, üretkenlik ve hafıza açısından performansı oldukça yükseliyor.

David Strayer, 22 öğrencisiyle yaptığı üç günlük bir doğa turunun ardından öğrencilerinin yaratıcı performanslarının ve problem çözme becerilerinin yüzde 50 oranında yükseldiğini tespit etmiş.

Bir başka araştırma da Exeter Üniversitesi'nden...

Exeter Üniversitesi Tıp Fakültesi araştırmacıları, 10 bin kent sakininden alınan akıl ve ruh sağlığı verilerini incelemişler. Elde ettikleri sonuca göre yeşil alanlara yakın bölgelerde yaşayanlar, zihinsel yorgunluktan ve stresten daha az şikâyet ediyorlar.

Sonuç olarak, doğayla iç içe olmak, beden ve zihin sağlığını olumlu yönde etkiliyor.

10. Şifalı ağaçlar

Berkeley Üniversitesi'nden mimarlık ve peyzaj mimarlığı ve çevre planlaması uzmanı Prof. Clare Cooper Marcus iyi planlanmış bir bahçede vakit geçirmenin stresimizi azalttığını böylece vücudumuzu rahatlattığını ve bağışıklık sistemimizin daha iyi çalıştığını vurguluyor.

Teksas A&M Üniversitesi'nde Mimarlık ve Peyzaj Mimarlığı profesörü olan Roger Ulrich, 200 yataklı bir hastanede 46 kolesistektomi hastasını yaş, tıbbi geçmiş ve tedavi koşulları gibi pek çok noktada birbirleriyle eşleştirerek iki gruba ayırdı.

Birinci gruptaki hastaların odaları, ağaçlıklı geniş ve güzel bir bahçeyi görürken, diğer gruptaki hastalar ancak karşılarındaki duvarı görebiliyorlardı.

Araştırma boyunca hastaların hastalık seyirleri ve iyileşme süreçleri incelendiğinde ağaç manzaralı odadakiler, duvar manzaralı odadaki hastalardan daha erken taburcu oldular.

Duvar manzaralı odada kalan hastaların, hemşireler tarafından tutulan günlük raporlarına bakıldığında hepsi mutsuz veya sürekli ağlıyor. Yürümek için bile cesaretlendirilmeye ihtiyaçları var. Yüzde 3,96 oranında daha az bir performansla araştırmanın sonuna ulaşabildiler.

Bitkiler, ağaçlar ve su manzaraları ya da su sesinin korkuyu, endişeyi ve anksiyeteyi azalttığı ortaya konmuş.

Doğaya bakmak bile, ağrıyı ve stresi azaltıyor.

11. Unutarak zekânı geliştir

"Bir bilgiyi uzun süre akılda tutmak, hafızanın güçlü olduğunu ortaya koyan tek gösterge değil."
Bunu kim söylüyor?
Toronto Üniversitesi'nden Doç. Dr. Paul Frankland ve Biyolojik Bilimler bölümünden Yard. Doç. Dr. Blake Richards söylüyorlar.

Yaptıkları araştırmalara göre "unutmamak" hafızanın gücünü ortaya koyan tek ölçüt değil. Hatta iki araştırmacıya göre hafızanın asıl işlevi bilgiyi uzun süre saklamaktan ziyade, işlevsel ve işlevsel olmayan bilgileri ayıklamak, ileride kullanılabilecek olanları akılda tutmak ve diğerlerini silmektir.

Araştırmaya göre episodik (anısal) belleğin depoladığı geçmiş anıların verileri, semantik (anlamsal) adı verilen günlük verilerden daha kolay unutuluyor.

Kanada İleri Araştırmalar Enstitüsü (CIFAR) tarafından bilgisayar algoritmalarıyla oluşturulan programlarla yapılan çalışmalar, unutmanın hatırlamak kadar önemli bir hafıza süreci olduğunu ortaya koyuyor.

Beyinde hatırlama fonksiyonundan ayrı çalışan unutma mekanizmalarının da olduğunun görülmesi, unutmanın hatırlamak kadar önemli olduğunun bir göstergesi. Bu mekanizmaların görevlerinden biri de kök hücrelerden yeni nöronlar oluşturmak.

Sonuç olarak "Hafızanın tek işi bilgiyi ileriki zamana taşımak değil" diyebiliriz. Hafıza, beyne gelen verileri kullanarak en etkili ve en zekice çözümü ortaya koymak için işlevsel bilgileri ayrıştırır.

12. Yaşlandıkça beynin farklı fonksiyonları gelişir

Miami Üniversitesi bünyesinde çalışan bir grup araştırmacının gerçekleştirdiği bir çalışmada 6-85 yaş arasındaki yüzlerce deneğin, beyinde "dinlenme hali" denen eforsuz süreçteki fMRI görüntüleri incelendi.

Böylece beynin herhangi bir uyaran ya da stres etkeni olmadan nasıl bir işleyişle çalıştığını görme fırsatı elde edildi.

Araştırmanın sonucuna göre, beyin fonksiyonları yaşlanmayla birlikte geriliyor, fakat bölgesel bazda bazı farklılıklar oluşabiliyor. Örneğin beyindeki dikkat çekerlik ağı adı verilen sistem, yaş ilerledikçe daha aktif çalışıyor.

Peki nedir bu "dikkat çekerlik ağı"?

"Dikkat çekerlik ağı" hem dışsal olayları izler hem de içsel bilinçlilik akışını... Buna göre hangi bilgi eldeki görevi yerine getirmek açısından dikkat çekiciyse işi ona veren sistemdir.

Çevresel koşullara uyum sağlama becerisi de çoklukla buna bağlıdır.

Beynin yaş alması, aslında sanıldığı gibi bir körelme değil. Bazı işlevlerin daha güçlü çalışmaya başlamasıyla beyindeki dengelerin yaşa bağlı olarak değişiyor olmasıyla ilgili.

13. Nazik insanlar daha mutlu

Buda'nın öğretilerinden uyarlanan ve kişinin kendisinden başlayarak tüm canlılara ve doğaya karşı koşulsuz şefkat göstermesini benimseyen Loving-Kindness Meditasyonu (LKM), yani Sevgi-Nezaket Meditasyonu, güncel psikolojik terapi yöntemleri arasındaki yerini aldı bile.

Her canlının birbiriyle bağlantıda olduğu prensibine dayanan Sevgi-Nezaket Meditasyonu, kişinin kendisini anlamasına imkân sağlıyor ve çevresiyle bağlantısına odaklanarak "bir" olma anlayışını destekliyor.

Kuzey Carolina Üniversitesi'nden psikolog Barbara Fredrickson ve arkadaşları 300'ün üzerinde araştırmayı inceleyerek, zihnin olumsuz duygulara odaklanma potansiyelinin olumlu duygulara odaklanma potansiyelinden daha yüksek olduğunu gördüler.

Pozitif duyguların devamlılığını artırabilmek amacıyla 139 katılımcıyı iki gruba ayıran araştırmacılar, birinci grup katılımcılara yedi hafta boyunca düzenli olarak meditasyon yaptırdılar ve ana odaklanmalarını amaçladılar. İkinci gruptaki katılımcılar ise kontrol altında tutulup takip edildikleri halde meditasyon yapmadan günlük hayatlarına devam ettiler.

Yedi haftanın sonunda, Sevgi-Nezaket Meditasyonu yapanların aşk, neşe, hoşnutluk, şükran, gurur, umut, ilgi, eğlence, hürmet gibi pozitif duyguları deneyimleme oranları yükselirken, depresif semptomlarının ve fizyolojik rahatsızlıklarının azaldığı görülmüş.

14. Beynini güncelle ve korkularının geri gelmesini engelle

Var olan anıların beyinde yeniden aktif hale gelmesine "reconsolidation" yani "yeniden bütünleştirme" denir. Mesela bisiklet sürmeyi bir kez öğrendiğinde yıllar boyunca hiç sürmediğin halde bisikletin üzerine çıktığın an nasıl sürüleceğini hatırlaman, aslında bir yeniden bütünleştirme işlemidir.

Korkular da aynı sistemle derhal geri gelmenin bir yolunu bulurlar. Sadece bir kez bile olsa yaşadığın bir korkuya kendini şartlaman yüzünden aynı korkunun travmasını hiç nedensiz yere yaşamaya devam edersin. Oysa beynini güncellemen ve korkularının geri gelmesini engellemen mümkün...

New York ve Teksas üniversitelerinin birlikte yürüttükleri bir çalışmada bilgisayar ortamında yaratılan korkulu anıların, korku içermeyen anılara dönüştürülmesi hedeflenmiş.

Bir grup katılımcıya birinci gün bilgisayar ekranında mavi bir kare belirdiği an hafif düzeyde elektrik verilmiş. Böylece mavi kareyi her gördüklerinde korkuya şartlanmışlar.

İkinci gün aynı katılımcılara ekrandan yine mavi renkli bir kare gösteriliyor ancak bu kez elektrik verilmiyor.

Bir yıl boyunca takip edilen bu katılımcıların, ölçülen korku seviyelerinde anlamlı bir düşüş olduğu gözlemlenmiş. Diğer bir deyişle eski korku anılarının geri çağrıldığı yeniden bütünleştirme sürecinde korku anıları, korku anıları içermeyenlerle güncellenebiliyor. Böylece artık o anıyla ilgili korku reaksiyonu oluşmuyor.

Yani beynin, aşamadığını düşündüğün korkuları dönüştürmeye hazır.

15. Uyurken korkularınla vedalaş

Posttravmatik Stres Bozuklukları (PTSB) çoklukla travma yaratan bir deneyimden sonra görülür.

Buna göre uyanıkken travmayı hatırlatan uyarıcılardan kaçınma, travmanın sürekli zihinde canlanması ya da uyurken rüyada travmayı tekrar deneyimleme gibi reaksiyonlar söz konusu olabilir. Posttravmatik Stres Bozukluğu yüzünden yoğun şekilde yaşanan uyku problemleri de görülür.

Rutgers Üniversitesi Moleküler ve Davranışsal Nörobilim Merkezi uzmanlarından Itamar Lerner, Shira Lupkin ve arkadaşları öğrencilerinden uyku döngülerini ölçen ekipmanlar kullanarak bir hafta boyunca beyin dalgalarını, yataktaki hareketlerini ve uykularını gözlemlemelerini istedi.

Bir haftanın sonunda öğrenciler laboratuvara davet edildiler. Laboratuvarda nötr bir imge seçildi. Öğrenciler bu imgeyi her gördüklerinde düşük dozda elektriğe maruz kaldılar. Nesne ve elektrik arasında eşleşme kurularak öğrencilere yapay bir korku koşullandırıldı. Her öğrencinin uyku derinliği saptandı.

REM uykusunda uzun süre kalan öğrencilerin amigdala, hipokampus ve ventromedial prefrontal korteks gibi özellikle duygularla bağlantılı olan beyin bölgelerinde daha az hareketlilik gözlemlendi.

REM uykusunun beyindeki norepinefrin seviyesini düşürdüğü, yani stres, korku, kaygı duygularını tetikleyen kimyasalların daha az salgılandığı görüldü.

Yani derin uyku uyuyabilenler, korkularının etkisinden kolayca kurtulabiliyorlar.

16. Kaldırım çatlaklarının arasında büyüyen karahindiba etkisi

British Columbia Üniversitesi'nde yapılan bir araştırmaya göre açık havada vakit geçirmenin mutluluk hissiyle doğrudan ilgisi var.

British Columbia Üniversitesi'nin Okanagan kampusundan bir doktora öğrencisi, yaptığı iki haftalık araştırması boyunca katılımcılarını üç gruba ayırdı ve ilk gruba günlük rutinleri içinde doğada ilgilerini çeken her şeyi fotoğraflamalarını ve bir kâğıda konuyla ilgili hislerini yazmalarını istedi.

Diğer grup da ilgilerini çeken her şeyin fotoğrafını çekecekler ve kendilerinde oluşturduğu hissi not alacaklardı. Yalnız bir farkla... İnsan yapımı nesnelere odaklanacaklardı.

Üçüncü grubun işi biraz daha ilginç... Onlar hem doğanın hem de insan yapımı nesnelerin peşine düşecek. Şehir hayatına rağmen doğanın kendini fark ettirebilme gücünü araştırdılar. Mesela kaldırımdaki çatlakların arasında büyüyen bir karahindiba, evlerin çatılarına saklanmış göçmen kuşlar, pencerelerden süzülen güneş, apartmanların arasındaki ağaçlar gibi...

Sonuç ne mi oldu?

395 katılımcının yer aldığı bu çalışmanın sonunda 2 bin 500'den fazla fotoğraf çekilmişti, sayfalar dolusu duygu durumu yazısı vardı.

Verilerin hepsi incelendiğinde görüldü ki doğanın her şeye rağmen kendini hissettirdiği özel anların fotoğrafını çekenlerin mutluluk ve tatmin düzeyi diğerlerininkinden oldukça yüksek...

17. Bulaşıcı mutluluk

Mutluluk, herkesin sahip olmak istediği şeylerden oluşan listenin başında geliyor. Peki çevremiz mutluluğumuzu ne derecede etkiliyor? Kaliforniya Üniversitesi Siyaset Bilimi Bölümü'nden Doç. Dr. James H. Fowler ile Harvard Tıp Fakültesi ve Sosyoloji Bölümü'nden Prof. Nicholas A Christakis'in yayımladıkları makaleye göre, mutluluk sosyal ağlarda yayılabilen bulaşıcı bir etkiye sahip...

Yapılan çalışmada 4739 kişinin 1983 ve 2003 yılları arasında takibi yapılmış. Katılımcıların sosyal ağları, yakın çevreleri incelenmiş ve çeşitli anketlerle mutluluk seviyeleri ölçülmüş.

Sonuçlar, mutlu bir çevreye sahip bir insanın gelecekte kendisinin de mutlu olma şansının daha yüksek olduğunu ortaya koymuş. Araştırmacılar topladıkları verileri incelediklerinde, mutlu insanların birbirleriyle bağ kurmaya meyilli olduğunu keşfetmiş. Mutlu insanların harita üzerinde aynı bölgelerde gruplaştıkları görülmüş. Ayrıca yakınlarda yaşayan mutlu bir arkadaşa sahip olmanın, mutluluk seviyesini ortalama yüzde 25 oranında artırabileceği saptanmış. Benzer bir etki eşlerde ortalama yüzde 8, kardeşlerde ortalama yüzde 14 ve yan komşularda ortalama yüzde 34 oranında görülebiliyormuş.

Yani mutluluk sadece kişisel deneyimlere ve seçimlere dayanmıyor. Sosyal ağlar mutluluk seviyesi üzerinde önemli bir rol oynuyor.

18. Sarılarak yaraları sar

Carneige Mellon Üniversitesi'nden Sheldon Cohen ve ekibi tarafından gerçekleştirilen bir çalışmaya göre sosyal çevresinde ilgi, alaka, şefkat gören ve daha çok kucaklaşan kişilerde strese bağlı olarak ortaya çıkan rahatsızlıklar daha çabuk iyileşiyor. Ayrıca etrafından destek görenlerde depresyon ve anksiyete gibi psikolojik rahatsızlıklara daha az rastlanıyor.

Sürekli çatışma içinde olan, yalnızlığı seçen, asosyal ve sarılmaktan kaçınanların bağışıklık sistemleri oldukça zayıf...

"İlgi enerjidir.
Biri sana sevgi dolu bir şekilde baktığında, seni besler."
– Osho

Bir araştırmada 404 sağlıklı yetişkine soğuk algınlığı virüsü verildi ve hastalık belirtileri gözlemlendi. Yakınlarından sevgi, ilgi ve destek görenlerde, birbirlerine sıkça sarılanlarda gözlemlenen enfeksiyon oranı oldukça düşüktü ve hastalığı çabuk atlattılar.

Sarılmanın, hastalara güçlü şekilde fiziksel destek sağladığı saptandı. İyileştirici oksitosin adındaki mutluluk hormonu sarılma aksiyonuyla birlikte salgılanan bir hormon. Stresi düşürerek bağışıklık sisteminin güçlenmesini sağlıyor. Böylece hastalıklarla başa çıkmak da kolaylaşıyor.

19. İyilik kapasitesi

Oxford ve UCL üniversitelerinde görev yapan bilim insanları, insan beyninin başkalarına iyi davranmayı ve yardım etmeyi sağlayan bir bölümünün olduğunu keşfettiler.

Patricia Lockwood tarafından yönetilen çalışmaya göre, empatisi yüksek olanlar, başkalarına yardım etmeyi ve iyi davranmayı, empati kapasitesi düşük olanlardan daha çabuk öğreniyorlar.

Başkasının duygusunu ve yaşayışını algılayabilme ve içsel olarak deneyimleyebilme anlamına gelen "empati" faydalı sosyal davranışların temel gücü...

Söz konusu çalışma sırasında MRI cihazıyla taranan gönüllü katılımcılar, kendilerine ve başkalarına verilecek hediyeleri incelediler. İnsanların başkalarına fayda sağlayacak seçimler yapmak konusunda, kendilerine fayda sağlayacak seçimler yaparkenki kadar hızlı ve kararlı olamadıkları görüldü.

Buna karşılık beyinlerindeki bir bölümü sadece başkalarına iyilik yapmayı düşündükleri sırada kullandıkları saptandı. Ne var ki beynin bu kısmının herkeste aynı düzeyde aktif olmadığı da belirlendi.

Yüksek empatiye sahip olanlar, empati kapasitesi düşük olanlara göre başkalarına iyilik yapmayı daha hızlı öğrendiler. Aynı zamanda beyinlerinin bu özel bölümünü daha hızlı kullandılar.

İyilik yapmayı bir alışkanlık haline getirdiğinde, beynin de eylemlerine uyumlanacak, iyilik arzusu sende doğal bir hal halini alacaktır.

20. Hayallere dalıyor olmak bir zekâ göstergesidir

Georgia Teknoloji Enstitüsü araştırmacıları, hayallere dalmanın çoğu insan tarafından zihnin odaklanamaması olarak algılandığını, fakat bunun her durumda doğru olmadığını öne sürüyor. Örneğin toplantı esnasında hayal kurmak kötü bir şey değil, tam tersi kişinin akıllı ve yaratıcı olduğunu gösteriyor olabilir. Psikoloji profesörü Eric Schumacher, verimli beyinleri olan kişilerin, kendilerini hayallere dalmaktan alıkoyamayacak kadar beyin kapasiteleri olabileceğini söylüyor.

Schumacher ve ekibi yaptıkları çalışmada Manyetik Rezonans Görüntüleme (MRI) ile 100'den fazla kişinin beyin aktivitelerini incelemiş. Katılımcılardan 5 dakika boyunca bir noktaya odaklanmaları istenmiş ve bu esnada beynin hangi kısımlarının aktive olduğuna bakılmış. Böylece beynin uyanık-dinlenme durumunda hangi bölgelerinin çalıştığı öğrenilmiş. Daha sonra katılımcılara zekâ ve yaratıcılığı ölçen testler yapılmış ve bu veriler karşılaştırılmış. Katılımcılara ek olarak günlük hayatlarında ne sıklıkla hayallere daldıklarına dair anketler doldurulmuş.

Sonuçlara göre, daha çok hayal dünyasına dalan kişilerin düşünsel ve yaratıcı kabiliyetleri daha yüksek... Ayrıca beyinleri daha verimli bir şekilde çalışıyor. Schumacher verimli bir beynin daha çok düşünme kapasitesi olduğunu, böylelikle kolay işler yaparken daha çok hayallere dalabilme vakti olduğunu söylüyor.

21. Yoga yap kafan çalışsın

Günde 25 dakikalık meditasyon, bilişsel yetenekleri artırıyor. Kanada Waterloo Üniversitesi'nden Kimberley Luu'nun 31 öğrenciyle gerçekleştirdiği bir çalışmaya göre, hatha yoga ve farkındalık meditasyonu öğrencilerin öğrenme becerilerini ve konsantrasyon güçlerini artırıyor. Çok yönlü düşünebilmelerini sağlıyor.

Luu'nun çalışması sırasında katılımcılar önce 25 dakika hatha yoga ve farkındalık meditasyonu yaptılar, ardından 25 dakika boyunca sessiz okuma gerçekleştirdiler.

Çalışmanın sonunda öğrencilerin bilişsel yeteneklerinde gözle görülür bir artış olduğu saptandı.

Yoga yapmak, beyindeki endorfin salınımını artırıyor. Böylece bilişsel yeteneklerle birlikte, çok yönlü düşünme becerisi de gelişiyor.

Yoga yapanların enerjilerinin yükseldiği de gözlemlenmiş.

22. Destek ol yarınları kurtar

Avustralya Katolik Üniversitesi ve Helsinki Üniversitesi araştırmacıları, anne baba desteğinin gençlerin okul dönemindeki geçişler sırasındaki ruh halini nasıl etkilediğine dair bir çalışma yapmış.

Algılanan desteğin gençlerdeki özgüven, hayat memnuniyeti, depresyon ve okula bağlı tükenmişlik üzerindeki etkileri 2 bine yakın kişiyi barındıran 3 aşamalı bir çalışmayla ölçülmüş; ortaokul, lise ve lise sonrası geçiş dönemlerinden önce ve sonra.

Sonuçlar ebeveyn desteğinin gençlerdeki özgüven seviyesiyle pozitif anlamda ilişkili olduğunu göstermiş. Anne ve baba desteğinin gençler üzerinde eşit derecede önem taşıdığı görülmüş. Gençler lise döneminden yetişkinliğe doğru ilerledikçe depresif semptomlarında azalma görülmüş ve bu büyük oranda ebeveyn desteğiyle ilişkilendirilmiş.

Araştırmalar gösteriyor ki, desteklenen çocuklar daha çabuk öğreniyorlar, özgüvenleri yükseliyor ve depresyon riskleri azalıyor. Bireyin özsaygısının yüksek olmasında anne ve babasından gördüğü koşulsuz desteğin, sevginin, ilginin ve güvenin payı oldukça yüksek.

"Milletlerin gelenekleri başka başkadır,
fakat iyilik her yerde birdir."

– Heine

23. Hasta olma şarkıcı ol

Frankfurt Üniversitesi'nde yapılan bir araştırmaya göre şarkı söylemek bağışıklık sistemini güçlendiriyor.

Profesyonel bir koro grubuyla yapılan deneyde, katılımcıların koro çalışmasından önce ve sonra kan değerleri ölçülmüş. Mozart'ın *Requiem* adlı eserini seslendirdikten sonra araştırılan kan değerlerinde bağışıklık sistemindeki immunoglobulin isimli proteinin sentezlendiği gözlemlenmiş.

Aynı zamanda şarkı söylemek şahane bir egzersiz...
Neden mi?

Çünkü diyafram kası kullanıldığında vücudun içinde hava miktarına daha fazla yer açılıyor. Böylece kandaki oksijen miktarı yükseliyor, aerobik esneklik artıyor.

Şarkı söylerken dik durmak gerektiği için, bedenin postürü de düzeliyor. Böylece iç organlarda sıkışma da yaşanmıyor.

Daily Mail online sayfasında yayınlanan sağlık makalelerinde şarkı söylemenin nefes aralığını artırdığı, boğaz ve palate kaslarını güçlendirdiği, horlama ve uyku apnesinin önüne geçildiği de belirtilmiş.

Bilim insanlarının yaptığı araştırmaya göre şarkı söylerken insan beyninde saccullus denen küçük bir kulak organın titreştiği de gözlemlenmiş. Bu organın titreşmesiyle beyinde hızlı bir zevk hissi oluştuğu ispatlanmış.

Şarkı söylemek günlük stres seviyesini azaltıyor. Ayrıca oksitosin hormonu salgılatıp kortizolün salınımına engel olur.

O halde sevdiğin bir şarkıyı söylemek için tam sırası...

24. Kendine tüylü bir dost edin

Chicago Aile Sağlığı Merkezi'nde klinik psikolog Dr. Froma Walsh, hayvanlarla kurulan ortaklığın pek çok iyileştirici yönü olduğuna dikkat çekiyor.

Hayvanlar sadece sosyal ilişkilerin dengelenmesi açısından değil beden ve zihin sağlığı açısından da insan hayatında önemli roller üstleniyorlar.

Hayvanlarla işbirliğinin çocuk gelişimine olumlu etkileri vardır.

Zihinsel ve fiziksel hastalıkların tedavilerinde rehabilite edici tesirleri görülür. Özellikle demans, şiddet ve travma tedavilerinde büyük faydaları tespit edilmiştir.

Hayvanlar, gülümseterek, sevgiyle ve koşulsuzluklarıyla stresi azaltır, sevgiyi ve şefkati besler. Oyun oynamayı hatırlatır, sorumluluk duygusunu geliştirir, güven ve huzur verir.

Bir sokak hayvanı sahiplen ve onu koruyup beslerken kendini de iyileştirdiğini fark et.

25. Kendine iyi bak babacığım

University College London (UCL) araştırmacılarının gerçekleştirdiği bilimsel bir çalışmaya göre, babası depresyon geçirmiş olan ergenlerde depresyon yatkınlığı daha yüksek.

Bu araştırma, annenin depresyon geçmişine bakılmaksızın, babaların ergenlik döneminde yaşadığı depresyonla ergen yaşlardaki çocuklarının depresyonu arasındaki bağlantıyı kapsamlı şekilde inceleyen ilk araştırmadır.

Dr. Gemma Lewis "Annelerin çocuklarının zihin sağlığı açısından birinci dereceden sorumlu kişiler olduğu, babaların bu konuda daha az etken faktör olduğu yolunda yanlış bir kanı hâkim" diyor.

Araştırmacılar İrlanda ve İngiltere'de çocuklarla ilgili iki büyük çalışma uygulamıştır. 6070 ve 7768 aileye yöneltilen "duygu durumu" anketleri, iki aşamalı değerlendirilmişler.

Öncesinde ebeveynlerin 7-9 yaş arasındaki depresyon belirtileri, sonrasında da 13-14 yaş arasındaki depresif belirtileri değerlendirildi.

Gelir düzeyi ve alkol kullanımı faktörleri çıkarılarak verilere bakıldığında, ankette babaların depresif belirtileri 3 puan arttığında, ergenin değerlerinde de 0,2 puanlık bir artış görüldü. Bu bulgular, bağımsız yürütülen her iki araştırmada da tekrarlanmıştır.

Depresyon belirtileri ergenlik dönemi başında hızla artıyor. Bu nedenle araştırmacılar ergen yaştaki riskleri anlamanın, ileride karşılaşılacak depresyonu önlemekte önemli rol oynadığını belirtiyorlar.

26. Pozitif stres

Tel Aviv'deki bir üniversitede yürütülen araştırma stres odaklı bir zihin yapısının, iş verimliliğini yüksek oranda etkilediğini ortaya koymuş. Stresli zihinler, tükenmişliklerini ve streslerini çoğunlukla çalışma arkadaşlarına yansıtıyorlar.

377 Amerikalı çalışana "işte stres" konulu bir anket uygulanmıştır. Öncesinde, uzun saatler çalışan ve birden fazla sorumluluk alanı olan yönetici "Ben" ile ilgili bildirgeyi okumaları da istenmiştir. Sonrasında bu kişinin tükenmişlik durumunu puanlayarak stres hali değerlendirme formu doldurmuşlar.

Çalışmayı yürüten Prof. Sharon Toker ve Prof. Daniel Heller, stresi pozitif algılayan katılımcıların, Ben'i daha az tükenmiş, terfi etmiş ve değerli biri olarak değerlendirdiklerini belirtiyor.

Araştırma ekibi ayrıca stres algımızın değiştirilebilirliğini sorgulamak amacıyla 600 İsrailli ve Amerikan katılımcı üzerinde incelemeler yapmışlar.

Rasgele seçilen çalışanlar, stres "güçlendiricidir" veya "zayıflatıcıdır" yönünde biri olumlu diğeri olumsuz iki gruba ayrılırlar. "Stres" hakkında olumlu veya olumsuz düşünmelerini gerektiren tekniklerle yönlendirilerek geçmişteki stres deneyimlerini "olumlu/güçlendirici" ya da "olumsuz/zayıflatıcı" şeklinde puanlamışlardır.

Prof. Heller, stresin "olumlu/güçlendirici" olduğu yaklaşımla hazırlanan katılımcıların, Ben'i değerlendirirken stresten daha az etkilendiğini düşündüklerini ve terfisini daha fazla desteklediklerini belirtmiştir. Stresi olumsuz görenlerse Ben'in sıkıntı yaşadığı ve terfiye pek uygun olmadığı yönünde görüş bildirmişlerdir.

27. Yardım içeri anksiyete dışarı

Endişeli ebeveynlerin çocuklarında gelişim bozukluğu riski yüksektir. Anksiyete, ailelerde süreklilik gösterir ve anksiyete hastası bir anne babanın çocuğu olarak yetişenlerin yüzde 50'ye yakını bu rahatsızlığı yaşar.

UConn Health psikiyatrı Golda Ginsburg tarafından yapılan bir araştırmaya göre her anksiyete sahibi ebeveynin çocuğu bu rahatsızlığı kendinde deneyimlemek zorunda değil.

Ginsburg ve Johns Hopkins Üniversitesi'ndeki meslektaşları, en az bir ebeveynin anksiyete hastası olan yaşları 6 ile 13 arasında değişen en az bir çocuk sahibi 136 aileyle tam bir yıl süren bir terapi programını test etmişler.

Bir grup aile iki aylık program boyunca eğitimli bir terapistin yönettiği 8 saatlik oturumlara katılmışlar. Diğer gruba anksiyete bozuklukları ve tedavileri hakkında genel bilgilendirici broşürler verilmiş.

Terapiye katılan ailelere anksiyete belirtilerini teşhis etme ve azaltma yöntemleri öğretilmiş. Aileler, problem çözme becerilerini geliştirici egzersizler ve çocuklarının anksiyeteye yakalanmasına yol açan sebepleri ortaya çıkarabilecekleri uygulamalar yapmışlar.

Bir yılın sonundaki ölçümlerde, programa katılan çocukların yüzde 9'unda anksiyete belirtileri görülmüş. Sadece yazılı talimatlarla yönlendirilen ailelerde yüzde 21, herhangi bir terapiyle ya da talimatla desteklenmeyenlerde ise yüzde 31 anksiyete belirtisi saptanmış.

28. Sohbetin derin, kahkahan gür olsun

Arizona Üniversitesi'nden psikologlar Prof. Matthias R. Mehl, Prof. Shannon E. Holleran, C. Shelby Clark ve St. Louis Washington Üniversitesi'nden Simine Vazire mutlu ve mutsuz insanların sohbet eğilimleri arasında fark olup olmadığını araştırmışlar.

Gönüllüler dört gün boyunca üzerlerinde elektronik aktif kayıt cihazı (EAR) taşımışlar. Bu cihaz, her 12,5 dakikada bir katılımcının 30 saniyelik ses kaydını alarak örneklem için 20 binden fazla kayıt toplamış. Araştırmacılar daha sonra sesleri ve konuşmaları dinleyerek niteliğine göre gruplara ayırmışlar. Katılımcılar ayrıca kişisel bilgileriyle ve kendilerini iyi hissetme halleriyle ilgili anketler de doldurmuşlar.

Kayıtları analiz edildiğinde ilginç bulgular çıkmış ortaya.

Kendini en mutlu hissedenler, mutsuz hissedenlere oranla yüzde 25 daha az yalnız kalmışlar ve başkalarıyla yüzde 70 oranında daha fazla sohbet etmişler.

Sohbetlerin niteliği de incelenince durum daha da derinleşmiş.

Anlamlı, derin ve verimli sohbet edenlerin yaşadıkları mutluluk diğerlerinden fark edilir ölçüde ayrılıyor. Mutlu insanlar, mutsuzların üçte biri kadar içi boş konuşmalar yapmışlar.

Görülen o ki derin sohbetler, insanları daha çok mutlu ediyor.

29. Birlik bilinci

GCI, insanlığın iyi enerji salgılaması ve küresel bilinç edinmesi için faydalı olmayı amaçlayan uluslararası kuruluştur. Yürüttüğü bilimsel çalışmalarda, insanların gezegenle ve birbirleriyle bağını kullanarak bile iyi bir dünya var edebilmeye odaklanmıştır.

Peki nedir GCI'ın varsayımları?

Dünyanın manyetik alanı, taşıdığı biyolojik bilgiyle yeryüzündeki tüm canlıları birleştirir.

Hepimiz bu küresel alanı etkileriz. Tüm bilgilerimiz gibi, olumlu hislerimiz de ortak alana aktığından (şefkat, sevgi, duyarlılık, şükran vb.) hislerimizin enerjisini diğer insanlara ve canlılara yaymış oluruz.

İnsanların enerjik sistemi dünyanın manyetik sistemleriyle etkileşim halindedir. Dünyanın çekirdeğinden kaynaklı geomanyetik alan ve dünya ile iyonosfer arasındaki alan ekosistemde önemlidir. Bu alanlar bizi güneş ışığının radyasyonu ve uzayın farklı zararlı etkilerine karşı korur.

Araştırmalara göre dünyanın manyetik alanında oluşacak bir zarar, insanlar üzerinde uyku bozukluğu, zihin karışıklığı, belirsiz ve anlamsız halsizliklere ve can sıkıntısı gibi etkiler yaratabiliyor. Yapısı gereği insan beyni, sinir sistemleri ve kardiyovasküler sistemi geomanyetik titreşimle senkronize olabiliyor.

Sonuç olarak GCI bilimcilerine göre, biyolojik ortak alandaki bilginin hem alıcısı hem vericisi olduğumuz için daha iyi bir dünya yaratmak aslında hepimizin elinde...

30. Gülümsemenin taklidi bile yeter

"Yüzsel geribildirim hipotezi" olarak bilinen yöntemde, yüz kasları kullanılarak duyguların etkilenmesi gözlemlenir.

William James'in 100 yıl önce ilk kez ortaya koyduğu bu hipoteze göre, yüz kaslarımız beynimizi besliyor ve bu kas hareketleri beyinde hangi duyguyla ilişkilendiriliyorsa beyin o duygunun ifadesini deneyimletiyor.

Anchorage Alaska Üniversitesi araştırmacıları tarafından yürütülen bir araştırmada, katılımcılara, gülümseyen ve somurtan insanların fotoğrafları gösterilerek tepkileri incelenmiş.

Birinci gruba gördükleri yüzlere bakmaları söylenirken, diğer gruptan gördükleri ifadeleri taklit etmeleri istenmiş. Akabinde de her birine hisleri sorulmuş.

Gülümseyenlerin daha pozitif bir ruh haline ulaştıkları tespit edilirken, somurtanların daha az pozitif hissettikleri saptanmış.

Yüzleri taklit etmeyen diğer grubun katılımcılarında herhangi bir fark oluşmamış.

İşin içine aynalar da girince işin rengi daha da değişmiş.

Katılımcılardan, fotoğraflarda gördükleri ifadeleri ayna karşısında taklit etmeleri istenince oluşan hisler daha da belirginleşmiş.

Uzmanlar, bedendeki hareketin önemli farklar yaratabileceği konusu üzerinde önemle duruyorlar.

Mesela kolları kaldırıp sallamak bile ruh halinin fark edilir ölçüde değişmesine neden oluyor, enerjiyi yükseltiyor. Yere bakarak yürümekse enerjiyi düşürüyor, agresifleştiriyor.

31. Biri terfi mi dedi?

The Happiness Advantage ve *Before Happiness* adlı çok satan kitapların yazarı psikolog Shawn Achor, beynin negatifken kaynakların ikiye ayrıldığından söz ediyor. Bu ayrımın, evrimimizdeki kritik bir işleme hizmet ettiği kabul edilir.

Olumsuz bir duygu deneyimlendiğinde, duygunun tetiklediği strese ve tehdit algısına bağlı olarak gösterilecek tepkinin kavga mı yoksa kaçmak mı olacağı takip edilir.

Tıpkı Achor gibi diğer uzman psikologlar da negatif duyguların yaratıcılığı baskıladığı yolunda hemfikirler.

Achor, yapılan çalışmalar doğrultusunda, pozitif insanların stresli test ortamlarında bile sakin kalabildiklerini belirtir ve sakinliğin altında yatan faktörleri inceler.

Pozitif duygular serotonin ve dopamin seviyesini artırır. Böylece problem çözmek gibi pek çok olumlu becerinin kolayca çalışma imkânı doğar.

İş ortamında pozitif düşünceli insanların daha üretken oldukları, liderlik rollerinde bulundukları, çalışma koşullarının iyi olduğu ve işyerinde hastalanma risklerinin azaldığı gözlemlenmiştir.

Pozitif düşünenlerin, negatif düşünen iş arkadaşlarına oranla 2 yıl içerisinde terfi etmeleri ihtimali yüzde 40 daha fazla... Çünkü pozitiflerin çalışma verimi ortalama yüzde 31 daha yüksek...

32. Cömertlik yukarı tansiyon aşağı

Yakın tarihte yapılan bir araştırmanın sonucuna göre toplumun iyiliği için harcama yapanların (prososyal harcama) tansiyon değerleri takip edilmiş ve iyilik harcamalarının sağlığa olan olumlu katkıları saptanmış.

Araştırmaya katılan yüksek tansiyon hastası 186 yetişkinden birtakım yardım hareketleri için yapacakları harcamanın limitini belirlemeleri istenir. Katılımcıların yaptığı harcamalar 2 yıl boyunca yakından takip edilir.

2 yılın sonunda, yüksek yardım harcamaları yapan hastaların, düşük harcama yapanlara göre tansiyon değerlerinin daha düşük olduğu saptanmış.

Bunun üzerine araştırma daha da derinleşmiş ve yardım harcamalarının tansiyonu nasıl düşürdüğü üzerinde incelemeler yapılmış.

Altı hafta boyunca yüksek tansiyon hastası 73 katılımcıdan haftada üç gün 40 dolar harcamaları beklenmiş. Bir grup katılımcıya da paranın 20 dolarını kendileri için, 20 dolarını da yardım için harcamaları söylenmiş.

Paranın tamamını başkaları için harcayanların tansiyon değerlerinin daha düşük olduğu belirlenmiş. Sağlıklı diyet ve egzersiz kadar etkili bir sonuç elde edilmiş.

Bunun üzerine uzmanlar, sosyal ortamda bağların daha da güçlendiğini ve yardım edilen insanlara duyulan yakınlık hissinin sağlığı güçlendirdiği yolunda fikir yürüttüler.

33. Pozitif günlük

Beyin de kas gibi çalışır.

Antrenmanla düzenli şekilde çalıştırılarak kuvvetlendirilen beden kasları gibi beynin de çalıştırılan kısımları gelişim gösterir.

Pozitif psikoloji duayeni Martin Seligman, minnettarlık halinin memnuniyet, mutluluk ve iyimserlik kasını kuvvetlendirdiğini açıklıyor.

Öğrenilen her yeni beceri, beyinde de yeni bir kısmı harekete geçiriyor. Beyindeki mutluluk alanını çalıştırmaya başladığında beyin anlık ya da uzun vadeli pozitifte kalabilmenin yollarını bulmak için yeni bağlantılar geliştirir.

Mesela meditasyon, iyilik hareketleri, sosyal ilişkileri güçlendirecek aktiviteler, pozitif günlük tutmak, beynin mutluluk alanını eğitmeye yönelik girişimlerden sayılabilir.

Pozitif günlük tutmaya karar verdiğinde aralıksız 21 gün not almak etkili bir hamle olacaktır.

Pozitif günlüğüne sadece olumlu duygularını not alabilir, her gün düzenli şekilde şükran duyduğun en az üç konuyu yazabilirsin.

Colorado Boulder Üniversitesi'nde araştırma yapan Ashar Yoni sevgi nörolojisini inceledikten sonra şu kanaate varmıştır:

"Başka insanlarla kuvvetli bağlar kurmaktan dolayı duyulan sevinç insanlık için esastır ve beynimiz bu bağları desteklemek için sürekli biçimde organize olur. İnsanların birbirine bağlı olması fiziksel ve ruhsal sağlık için, pozitif duygu için değerli bir kaynaktır."

34. Parmakların olmasa da zihnin piyano çalabilir

Bir araştırmada, piyano notalarını çalan kişiler ile çalmayı hayal edenlerin beyinleri ve parmak kaslarındaki gelişme karşılaştırıldı.
Sonuç ne mi?
Bazı profesyoneller ve akademisyenler halen beynin stabil olduğunu iddia etseler de, yaklaşık 20 yıl önce, "sabit beyin" fikri terk edilmiştir. Gelinen süreçte, beynin sürekli değiştiği ve son nefese kadar da değişmeye devam edeceği bilimsel araştırmalarla ortaya konmuştur.
Beynin sürekli gelişmeye devam etmesine nöroplastisite veya beyin esnekliği denir.
Yukarıda sözü edilen deneyin sonucunda görülmüştür ki 5 günün sonunda piyano çalmayı hayal edenlerin beyinlerinde nöroplastisite sayesinde bir gelişme gözlenmiştir.
Beyin taramalarının sonunda hangi raporun notayı çalan kişiye, hangisinin hayal eden kişiye ait olduğu ayırt edilemeyecek kadar yakınlık görülmüştür.
Beyin, deneyimle hayali birbirinden ayırt etmeksizin değişmeye devam eder. Beyin gerçekle hayali birbirinden ayıramaz.
Bir hareketi sürekli yaptığını hayal ettiğinde, beynin hareketi gerçekten yapıyormuşsun gibi çalışır ve reaksiyon üretir.
Yaratılan bu etkiyi koruyabilmek için, hayali uygulamayı tekrarlamak gerekir. Nöroplastisite "kullan" ya da "kaybet" prensibiyle çalışır.
Kasların kullanılmadığında hamlaşması gibi bir hayal de terk edildiğinde beyinden silinir.

35. Suya neşe kat

Montreal Mc Gill Üniversitesi araştırma ekibinden biyokimyacı Dr. Bernard Grad, hastalar ile sağlıklı insanların suladığı bitkileri inceleyerek bir deney gerçekleştirdi.

Deneye depresif nevroz tepkisi veren 26 yaşında bir kadın, psikoz depresyon rahatsızlığı yaşayan 37 yaşında bir erkek ve psikiyatrik hiçbir rahatsızlığı olmayan 52 yaşında bir kadın katıldı.

Üç kişi de, maden tuzu çözülümü içeren ağzı kapalı şişeleri ellerine aldılar.

Sağlıklı deneğin elindeki suyla sulanan bitkiler daha hızlı büyüdüler.

Psikoz hastasının bitkisi en yavaş hızda büyürken, nevroz hastasının bitkisi ise, Dr. Grad'ın öngörüsünün aksine, karşılaştırma bitkilerinden bir miktar daha hızlı büyüdü.

Bütün bunların sebebini Dr. Grad şu şekilde açıkladı:

"Psikoz hastası kapalı şişeyi eline aldığında hiçbir tepki vermedi. Oysa nevroz hastası kadın sulama işinin nedenini öğrenmek istedi ve konuyu anlayınca ilgiyle ve neşeyle sulamaya yaklaştı. Ayrıca bu kadın eline verilen şişeyi, bebeğine sarılan bir anne gibi sevecenlikle kucaklamıştı. Buradaki önemli nokta, kadının hastalığının seyrinden ziyade şişeyi nasıl bir ruh haliyle tuttuğudur."

Sonuç olarak bitkiler de korkma, acı çekme, hissetme, hastalıklı ve sağlıklı yaklaşımlara tepki verme yetisine sahiptirler.

36. Otoriteye itaat deneyi

Yale Üniversitesi psikologlarından Stanley Milgram laboratuvar ortamında yaptığı deneylerde otoriteye itaat konusunu incelemiş. Onu bu deneye sevk eden sebepse savaş suçlularının verdiği çarpıcı ifade:

"Ben sadece görevimi yaptım."

Bir dizi deneyler içeren Milgram çalışmasında, otorite kabul edilen bir kişinin veya kurumun istekleri karşısında, insanların kendi vicdani prensipleriyle örtüşmese bile onlara nasıl itaat edebildiklerini ölçmek amaçlanmış.

Milgram deneylerinin ilk aşamasında 40 katılımcının 26'sına deneyin en yüksek değeri olan 450 volt gerilim uygulanmış. Katılımcılar yüksek gerilimden dolayı huzursuz hissetseler de deneye devam etmişler. Fakat bir aşamadan sonra deneyi sorgulamaya başlamışlar. Hatta bazıları deney karşılığında aldıkları ücreti bile iade edeceğini söylemiş. Yine de hiçbiri 300 voltluk şok seviyesinden önce vazgeçmemiş.

Deneysel çalışmalardan sonra görülen o ki, sağlıklı bir insan bile, güçlü bir otorite baskısına maruz kaldığında yıkıcı davranışlar ortaya koyabiliyor.

Deneyimsiz kişiler kriz ortamlarında veya seçim yapmaları gerektiğinde kararları karşısındaki otoriteye veya içinde bulunduğu gruba bırakabiliyor.

İtaatin özünde yatan yaklaşım vicdan yaklaşımını da ortaya koyuyor. Kişiler itaat ederken, başkasının isteğini yerine getirmek üzere kendisinin gerekli bir araç olduğunu özümsediği için davranışlarından kendisini sorumlu tutmuyor.

37. İlk patronlar: Anne-Baba

Alabama Üniversitesi araştırmacısı Dr. Peter Harms'ın iddiasına göre, işyerinde problem yaşıyorsan, bunun sorumluluğunu ebeveynlerin de paylaşıyordur.

Harms, iş hayatında yönetici-çalışan ilişkilerini incelediğinde çalışma ortamındaki davranışlarla ebeveyn davranışları arasında bir ilişki saptadı.

Harms ve arkadaşları, bağlanma stillerinin çalışanların yöneticilerine karşı tepkilerini nasıl etkilediğini incelediler. Bu araştırmayı genç psikanalist John Bowlby'nin çalışmaları üzerinden yürüttüler. Bowlby, ebeveynlerin çocuklarına karşı sergiledikleri tutumun, uzun vadede çocuklarının ilişkilerdeki yaklaşımını etkileyebileceğini tartışmaya açtı.

Güvenilir ebeveynleri olmayan kişiler, anne ve babalarını birer destek kaynağı olarak görmezler. Bu kişilerin genellikle stresle baş etme metotlarına göre "endişeli" veya "sakıngan" ilişkileri vardır.

Harms'ın açıklamalarına göre, ilişkilerine endişeyle bağlı kişiler aslında sevilmek istiyorlar fakat önemsedikleri kişilerin sevgi ihtiyaçlarına karşılık vermeyecekleri endişesini taşıyorlar. Böylelikle, ilişkilerini tehlikede zannettikleri anda aşırı reaksiyon sergiliyorlar. Bu kişiler, çevrelerindekilerin güvencesini alabilmek için suçlama ve abartılı duygusallığa başvurabiliyorlar. Sinirleri bozuluyor ve bunu engelleyemiyorlar. Diğer yandan sakıngan ilişkileri olanlar, "Seni sevmek istemiyorum, senin de beni sevmeye ihtiyacın yok. Bu yüzden beni yalnız bırak" düşüncesine sahipler.

38. Bir ölçek oksitosin bir ölçek empati

Oksitosin hormonu, karşı tarafın yüz ifadesindeki duyguların algılanmasına olanak sağlar.

Yapılan bir araştırmada, burnunun içine oksitosin sıkılan kişilerin, karşı tarafı daha umursar hale geldikleri ve onların duygularını daha iyi algılayabildikleri bile görüldü.

Araştırmacı ve yüz taklidi uzmanı Sebastian Korb, burun içi oksitosin uygulamasının ardından duyguların algılanma becerisinde artış gözlemledikten sonra bu sonucun altında nasıl bir işleyiş olduğunu araştırmaya koyuldu ve sonunda oksitosinin taklidi uyarıyor olabileceği tezini ortaya attı.

Korb ve arkadaşları, oksitosin ile yüz taklidi arasındaki ilişkiyi test etmek amacıyla 60 kişilik yetişkin bir erkek grubu oluşturdu. Kendilerine ne verildiğinden kesinlikle haberi olmayan erkek grubunun yarısına sprey şeklinde oksitosin, diğer yarısına da plasebo verdi.

İlacın etkisini göstermesi beklendikten sonra, katılımcılara yetişkin ve bebek yüzlerinin gösterildiği çeşitli kısa videolar izlettirilerek buradaki duygusal ifadeleri tanımaları ve değerlendirmeleri üzerine birtakım testler yapıldı.

Araştırmanın sonunda görüldü ki, oksitosin verilen kişiler, plasebo verilenlere kıyasla, izledikleri yüzleri daha belirgin şekilde taklit ettiler. Özellikle de yeni doğmuş bir bebeğin ağlama videosunu seyrederken yaptıkları yüz taklidi iyice göze çarpıyordu.

Belli ki oksitosine "sevgi hormonu" demenin özel bir anlamı var.

39. Dostluklar bir gülümsemeyle başlar

Yeni bir ilişkiye başlamak için sadece bir gülümseme bile yetiyor. Fakat kesinlikle yalandan bir gülümseme olmasın. Neden mi? Çünkü samimi bir gülümseme kilometrelerce uzaktan bile algılanabiliyor.

Kaliforniya Üniversitesi Irvine kampusundan Belinda Campos ilişkilerin nasıl oluştuğu ve ne şekilde sürdürüldüğü konusunda bir araştırma yaptı. Bu araştırmaya göre yeni bağlar kurarken, öfke, küçümseme, üzüntü gibi olumsuz duygulara karşılık olumlu hisler göstermek, ilişkileri daha kuvvetli bağlarla inşa ediyor.

Campos ve ekibi, bağlanma ve işbirliği sinyalleri olarak görülen olumlu duyguların ilişkilerde oynadığı rolü test etmek için iki deney yaptı.

Birincisinde, 66 çiftin, partnerlerinin olumlu duygularının ne kadar farkında oldukları test edildi.

İkinci deneyde ise, katılımcıların olumlu duygularla ne kadar uyum içinde olduklarına ve bu uyumlarının yeni toplumsal bağlar kurmalarına yardımcı olup olmadığına bakıldı.

Sonuçlar, olumsuz duygulardan ziyade, olumlu duyguların daha kolay ve etkin şekilde fark edilebildiğini gösterdi.

Demek ki neymiş?

Pozitif ve saygılı olmak her halükârda fark edilir ve insanları birbirlerine yaklaştırır.

40. Kanseri farkındalıkla aş

Indiana Üniversitesi Sağlık Departmanı'nın yeni araştırmasında, Farkındalık Temelli Stres Azaltma Programı'na katılanların, kansere bağlı kognitif yetersizlik, dikkat eksikliği ve hafıza problemlerinde sağlam ve uzun vadeli yararlar sağladığı tespit edildi.

Kansere bağlı kognitif bozukluklar hayatta kalanlar arasında yaygın olarak görülse de, tedavi seçenekleri fazla değil. Bu bozukluklar, kişilerin sosyal ilişkilerini, çalışma kabiliyetlerini, kendine olan güvenlerini ve yaşam kalitelerini kesintiye uğratıyor.

Klinikçiler söz konusu bozukluğun giderilmesi adına Mindfulness-based Stress Reduction (MBSR), yani Farkındalık Temelli Stres Azaltma adlı bir klinik araştırma geliştirdiler.

Araştırmada, çoğunlukla kemoterapiyle tedavi edilmiş göğüs ve kolorektal kanserli hastalara MBSR uygulandı. Katılımcılar, MBSR katılımcıları ve normal katılımcılar olarak ikiye ayrıldılar. Her iki grup, 8 hafta boyunca 2 saatlik derslere katıldı. MBSR katılımcıları dikkat konusunda gelişim gösterirken diğerlerinde bir gelişme gözlenmedi.

Bu çalışmanın sonunda, MBSR'nin kanser sonrası yorgunluk, depresyon ve uyku bozukluğu üzerinde olumlu bir etkisi olduğu saptandı.

MBSR akıl sağlığına dayalı olarak stresin azaltılmasıyla ilgili bir çalışmadır. Bu çalışmanın kapsamında çeşitli meditasyon ve yoga uygulamaları da bulunmaktadır.

41. Duygularını yeme

Geceleri iyi bir uyku çekmek, iş stresine bağlı olarak görülen sağlıksız ya da aşırı yemek yeme davranışı göstermek konusunda koruyucu bir faktör olabilir.

Psikolog Chu-Hsiang, stresli bir iş ortamında çalışan kişilerin daha fazla yemek yediklerini ve öğünlerinde zararlı yiyecekleri tercih ettiklerini gözlemledi. Buna karşılık, bir gece öncesinde iyi uyudukları zaman, ertesi gün stres yaşasalar bile sağlıklı yemek yeme eğiliminde olduklarını da tespit etti.

Çin'de, 235 çalışanla birlikte iki farklı inceleme yapıldı. Birincisi, sürekli iş yoğunluğu yaşayan ve işgünleri içerisinde asla yeterli zamanı olmadığını hisseden bilgi teknolojisi çalışanlarıyla gerçekleştirildi. İkincisi, kaba ve talepkâr müşterilerle uğraşmak zorunda oldukları için çoğunlukla stres altında kalan çağrı merkezi çalışanlarıyla yapıldı.

Illinois Üniversitesi'nden Yihao Liu, bu araştırmaları sayesinde, her iki durumda da, olumsuz bir ortamda çalışmanın ve stres altında kalmanın, sağlıksız yemek yemeyle bağlantılı olduğunu ortaya koydu.

Liu'ya göre, yemek kişinin moralini yükseltmek için başvurduğu bir yoldur. İyi bir uyku, çalışanların yenilenmesini ve canlanmasını, ertesi gün stresle daha iyi başa çıkabilmesini sağlar. Böylece sağlıksız beslenmeye karşı da daha duyarlı ve dikkatli olurlar.

42. Mutluluk hamile kadınlara çok yakışıyor

Majör depresyonu olan gebe kadınların, doğum öncesi ve sonrasındaki aylarda tekrar depresyona girme riski oldukça yüksek... Colorado Boulder Üniversitesi liderliğinde yapılan bir araştırmada; meditasyon, nefes egzersizleri ve yoga gibi tekniklerin uygulanmasının depresyonun tekrarlanmasında önleyici faktör olabileceği keşfedildi.

CU-Boulder Üniversitesi Psikoloji ve Sinir Bilimleri Bölümü Doçent Doktoru Sona Dimidjian, bazı kadınların antidepresan ilaçlar kullanmaktan memnun olduğunu, fakat bazılarının farmakolojik olmayan tedavi yöntemleri tercih ettiğini söylüyor.

Farkındalık Temelli Bilişsel Terapi'nin, tekrarlayan depresyon ataklarını önlemek konusunda etkili olduğu gözlemlendi.

Çalışmada, daha önceden en az bir kez majör depresyon atağı geçirmiş, Colorado ve Gürcistan'daki 49 kadın, hamilelikleri boyunca sekiz seanslık derslere katıldı. Bu dersler boyunca kadınların farkındalık becerilerini yükseltmek için çeşitli ödevler verildi ve çalışmalar yapıldı.

Ödevler, doğum öncesi yogayı, bebek yatıştırırken yapılabilecek yürüme meditasyonunu ve yeni annelerin yoğun yaşantılarında kolayca gerçekleştirebilecekleri uygulamaları içeriyordu. Derslerde gebelik sırasında sık görülen endişeler ele alındı. Kadınların hem kendisine hem de bebeğine karşı nazik olması üzerinde özellikle duruldu.

Dimidjian, kurslara başlayan kadınların yüzde 86'sının çalışmayı tamamladığını ve çok da yararlı bulduklarını söyledi.

43. Ruhsal farkındalık

Connecticut Üniversitesi tarafından yapılan bir araştırmaya göre, ruhsal farkındalığa sahip olan insanların farkındalıkları gün içerisinde değişiyor. Yani farkındalık dediğimiz şey stabil bir özellik değil...

Doçent Dr. Bradley R.E. Wright ve ekibi araştırmalarında, o sırada hâlâ devam eden SoulPulse adındaki çalışmanın verilerini kullanmış. SoulPulse çalışmasında katılımcıların akıllı telefonlarından veriler toplandığı için insanların günlük faaliyetleri sırasında ruhsal farkındalıklarının nasıl değiştiğini gerçek zamanda takip edebilmişler.

Katılımcılara gün içerisinde 120 soru arasından rasgele 15-20 soru sorulmuş. Bu şekilde farkındalık seviyeleri takip edilebilmiş. SoulPulse katılımcıları toplumsal ve coğrafi olarak çeşitlilik gösteren, akıllı telefona sahip olan ve kendi istekleriyle çalışmaya katılan kişilerdi.

Araştırmacılara göre ruhsal farkındalık özellikle sabah saatlerinde çok yüksek. Üstelik dua, ibadet ve meditasyon gibi etkinliklerle birlikte daha da yükseliyor. Ayrıca müzik dinlerken, kitap okurken ve egzersiz yaparken de ruhsal farkındalık hayli artıyor. Ama ne var ki, işle ilgili aktiviteler sırasında ya da bilgisayar oyunları oynarken ruhsal farkındalık maalesef çok düşüyor.

Bu araştırmaya göre çalışan insanların daha düşük bir ruhsal farkındalığa sahip oldukları görülüyor.

Ruhsal farkındalığı geliştirmenin en iyi yolu yanıtları dışarıda değil içeride aramak...

44. Pozitif düşünce kahramanı

Karakteristik güçleri geliştirmenin refah seviyesini artırdığı tezi ilk defa, Zürih Üniversitesi Kişilik ve Değerlendirme Bölümü'nden Willibald Ruch, René T. Proyer ve Claudia Buschor tarafından kanıtlanmıştır.

Araştırma sırasında 178 kişilik katılımcı grubu herhangi bir kriter gözetmeksizin rasgele üçe ayrıldı. Birinci grup, "merak, minnettarlık, iyimserlik, mizah, coşku" özelliklerini on hafta boyunca eğitirken, ikinci grup "güzelliği takdir etme, yaratıcılık, iyilik, öğrenme sevgisi, öngörü" yönleri üzerinde çalıştı. Üçüncü grup ise, kontrol görevini üstlendi ve egzersiz yapmadı.

Bir veya birden fazla özelliğini geliştiren kişilerin refah seviyesinde artış görüldü. Bu katılımcıların genel olarak daha neşeli ve iyi bir ruh halinde olduğu saptandı.

Hareketlerini ve duygularını daha iyi kontrol etmeyi öğrenen katılımcıların eğitimden en çok faydayı sağlayan kişiler oldukları görüldü.

Peki araştırma süreci boyunca ne tür egzersizler yapıldı?

Mesela yaşamlarında önemli bir rolü olan birine teşekkür mektubu yazarak minnettarlık güçlerini eğittiler. Güzel bir şeye ya da hayran oldukları bir duruma dikkat ederek güzelliği takdir etme güçlerini pekiştirdiler.

Peki bütün bunlar ne demek?

Karakterimizdeki güçlü yönlerimiz sayesinde pozitif ve mutlu kalabiliriz, demek. Önemli olan güçlü yönlerimizin farkında olmak ve onları geliştirmek...

45. Meditasyonun tedavilerdeki potansiyel gücü

Rebecca Wells, üniversitede kürekçi olduğu dönemde teknik direktörünün, takıma yoga ve meditasyon yaptırdığını, esnekliklerinin ve odak noktalarının geliştiğini, ayrıca günlük hayatlarında kendilerini daha iyi hissettiklerini belirtti. Bu fikirle yola çıkarak meditasyonun bilimsel yararlarıyla ilgili araştırmaya koyuldu.

Wake Forest Baptist Tıp Merkezi'nde Nöroloji Asistanı olan Wells, çeşitli klinik araştırmalarda hafif bilişsel bozukluklar ve migrene yönelik terapi olarak farkındalık temelli stres azaltma (MBSR) adındaki meditasyon ve yoga programının etkinliğini araştırdı.

55-90 yaşları arasında hafif bilişsel bozukluklara sahip katılımcılar seçildi. Sekiz hafta boyunca MBSR uygulayanların, geleneksel tedavi gören kişilere kıyasla, beynin hatıralara erişmek gibi introspektif eylemler boyunca aktif olan kısmındaki fonksiyonel bağlantının geliştiği, ayrıca hipokampusta (beyinde duygulardan, öğrenmeden ve hafızadan sorumlu olan kısım) daha az körelme görüldüğü saptanmış.

Migren ağrıları çeken yetişkinlerin sekiz hafta boyunca MBSR uyguladıklarında, standart tıbbi tedavi gören kontrol grubuna kıyasla, daha kısa ve daha az şiddetli migren ağrıları geçirdikleri de görüldü. Dolayısıyla, meditasyonun yaşam kalitesini artıran, iyileştirme gücü olan, güvenli ve kolay bir uygulama olduğunu söylemek mümkün.

46. Dikkat teknoloji tehlikesi

Televizyon seyrederken mesaj yazmak, kitap okurken müzik dinlemek gibi aynı anda birden çok teknolojik alet kullananların kolayca bir işe konsantre olabilecekleri söylenemez.

Wisconsin-Madison Üniversitesi Psikoloji Profesörü C. Shawn Green, bilgisayarda çalışırken, bir şey okurken, e-posta veya sohbet iletilerini kontrol ederken birçok kişinin cebinde hayali bir telefon zili veya titreşim hissettiklerini belirtti. Çalışmalar birçok teknolojik ürünü aynı anda kullanan insanların o anda dikkat bozukluğu yaşadığını, fakat daha sonrasında etraflarında teknolojik ürünler yokken bile dikkat ölçen testlerden kötü puan aldıklarını gösteriyor.

Daniel Levinson ve Richard Davidson'ın çalışmalarında, katılımcılara dokuz kez nefes alıp verme prensibine dayalı farkındalık meditasyonu egzersizleri uygulandı. Teknolojik ürünleri yoğun ve az kullanan kişiler olarak ayrılan katılımcılar, iki gün boyunca dikkatlerini ölçen testlere tabi tutuldular. İlk günün dikkat testleri web'de gezerken yapıldı. Diğer günkü testler 10 dakikalık nefes sayma egzersizlerinden sonra gerçekleştirildi.

İncelemelerde teknoloji ürünlerini çok kullananların az kullananlara göre daha dikkatsiz oldukları gözlemlendi. Ayrıca iki grubun da nefes egzersizleri yaparak teste katıldıklarında dikkatlerinin arttığı saptandı. Yoğun teknoloji kullanıcılarının nefes egzersizlerinden daha fazla faydalandığı görüldü.

47. Biri inziva mı dedi?

Amerikalılar hayatlarını yeniden şekillendirmek ve sağlıklarını artırmak için, daha önceden hiç olmadığı kadar, manevi, meditatif ve dini inzivalara başvuruyorlar.

Thomas Jefferson Üniversitesi'ndeki araştırmacılar, içdünyasına dönen katılımcıların beyinlerinde dopamin ve serotonin sistemlerinde değişiklikler olduğunu gözlemlemiştir.

The Marcus Institute of Integrative Health araştırma direktörü Andrew Newberg, yedi günlük inzivanın ardından katılımcıların dopamin ve serotonin seviyelerinde önemli değişiklikler olduğunu ve manevi deneyimler yaşadıklarını belirtti. Serotonin ve dopamin beyindeki ödül ve duygusal sistemlerin bir parçasıdır. İnziva sonrası taramalarda beyne nörotransmitterlerin daha fazlasını sağlayabilecek olan dopamin taşıyıcısında (yüzde 5-8) ve serotonin taşıyıcısında (yüzde 6,5) azalmaların olduğu gözlemlendi. Bu durum pozitif hisler ve manevi duygularla ilişkilidir. Dopamin, bilişsel arabuluculuk, duygu ve harekete aracılık etmekten sorumluyken, serotonin duygusal düzenleme ve ruh haliyle ilgilidir.

İnziva ile kişinin kendi içdünyasına dönmesi, duygusal ve ruhsal dengenin daha sağlıklı kurulmasını sağlıyor.

48. Temiz vicdan iyi uyku

Uyku, sağlık açısından çok değerli bir faktördür. Missouri Üniversitesi'ne göre, üç yetişkinden biri yeterince uyumuyor. Ne var ki uyku eksikliği bilişsel zayıflamaya, kronik hastalıklara ve ölüme bile yol açabiliyor. Araştırmalar, uyku sıkıntısı çeken ileri yaşta yetişkinlerin, sosyal aktivitelere ve manevi organizasyonlara katılmaktan fayda sağlayabileceğini gösteriyor.

Missouri Üniversitesi sağlık bilimleri asistanı Prof. Jen-Hao Chen yaşlı insanlarda uyku ve sosyal yaşam arasındaki ilişkiyi incelemek için, National Social Life, Health and Aging Project, yani Ulusal Sosyal Yaşam, Sağlık ve Yaşlanma Projesi'nden beş yıllık dönemde toplanan verileri analiz etti ve sosyal katılımı üç yönde inceledi:

1. Gönüllü olmak.
2. Manevi hizmetlere katılmak.
3. Organize grup faaliyetlerinin bir parçası olmak.

Elde ettiği sonuçlar, daha fazla sosyal katılım düzeyine sahip ileri yaşta erişkinlerin daha iyi uyuduklarını gösterdi.

Uyku da, sağlık üzerinde önemli etkilere sahiptir ve günlük sosyal hayatı büyük ölçüde etkiler. Beyninizin optimal seviyesinde çalışması için dinlenmeye ihtiyacı vardır.

Uyku sağlığını geliştirmek için sosyalleşmeyi ve toplumsal içerikli proje ve aktivitelere katılmayı deneyebilirsin.

49. Ağrılara akupunktur

RMIT Üniversitesi'nin öncülük yaptığı araştırmada, vücudun belli noktalarına iğneler batırılarak uygulanan bir tedavi olan akupunkturun, acil servise büyük ağrılarla gelen hastaların tedavisinde, en az ağrıkesici ilaçlar kadar, ağrıları uzun vadeli giderdiği saptandı.

Akut bel ağrısı çeken, migreni olan ya da bilek burkulması yaşayan 528 hasta üzerinde akupunktur tedavisinin ağrı iyileştirmek konusundaki etkisi araştırıldı.

Çalışmada ağrı seviyelerini 10 puan üzerinden en az 4 olarak tanımlayan hastalara rasgele olacak şekilde akupunktur, akupunkturla farmakoterapi aynı anda ya da yalnızca farmakoterapi tedavisi uygulandı.

Farmakoterapi nedir?

Hastalıkların ilaçla tedavisidir.

Tedaviden bir saat sonra, üç gruptaki hastaların yüzde 40'ından daha azı ağrılarında çok belirli bir azalma hissetmezken, yüzde 80'inden daha çoğu en az 4 seviyesinde ağrı hissetmeye devam etti.

Fakat 48 saat sonra katılımcıların büyük çoğunluğu tedavilerini uygun buldular. Yalnızca akupunktur tedavisi gören hastalardan tedavilerini büyük ihtimalle ya da kesinlikle tekrarlayacaklarını belirtenlerin sayısı yüzde 82,8 iken, bu oran karışık gruplarda yüzde 80,8 ve yalnızca farmakoterapi tedavisi görenlerde yüzde 78,2'ydi.

Bu araştırma sayesinde akupunkturun ağrıkesici ilaçlara güvenli ve etkili bir alternatif olabileceği görülmüştür...

50. Somurtmayı bırak! Tai-Chi yapıyoruz!

Massachusetts General Hospital, Depression Clinical and Research Program (Depresyon Klinik ve Araştırma Bölümü) idari müdürü Albert Yeung'un, Çin'e özgü bir dövüş sanatı olan Tai-Chi'nin depresyon semptomlarına potansiyel faydasını görmek adına başlattığı araştırma için, majör depresif bozukluğu olan Çin asıllı Amerikalılar seçildi. Katılımcıların başka herhangi bir ruhsal rahatsızlık geçmişi, Tai-Chi deneyimleri veya çalışma sırasında gördükleri başka bir tedavi yoktu.

50 katılımcı çalışma için 3 gruba ayrıldı; biri Tai-Chi öğretilen grup, biri stres, ruh sağlığı ve depresyonla ilgili tartışmaların yapıldığı eğitici seanslardan oluşan aktif kontrol grubu, üçüncüsü de çalışma periyodu boyunca ve sonrasında tekrar eden değerlendirmeler için geri gelen pasif kontrol, "bekleme listesi" grubu...

12 hafta süren çalışmayı tamamlayanlar, Tai-Chi grubundan 17 kişi, eğitim grubundan 14 kişi ve bekleme listesi grubundan 19 kişiydi. Çalışma boyunca yapılan değerlendirmelerde, Tai-Chi grubu üyelerinin depresyon semptomlarında, diğer gruplara kıyasla daha fazla gelişme olduğu saptandı. Ayrıca çalışma sonrasındaki aylarda yapılan değerlendirmelerde bu gelişmelerin devam ettiği ve diğer iki gruba kıyasla pozitif anlamda istatistiksel farklar olduğu görüldü.

51. Negatif spritüel inançların sağlık üzerindeki etkisi

Missouri Üniversitesi sağlık psikolojisi profesörü ve nöropsikoloji uzmanı Brick Johnstone ve meslektaşları, spiritüel inançların insan sağlığı üzerindeki etkilerini öğrenmek için yaklaşık 200 kişiyle bir çalışma gerçekleştirdi. Katılımcıların bazıları kanser, travmatik beyin hasarı ve kronik ağrılar yaşıyorlardı. Bazılarıysa sağlıklı kişilerdi.

Katılımcılar iki gruba ayrıldılar. Birinci grup; yüce bir güç tarafından cezalandırıldığını veya terk edildiğini düşünenlerden oluşan negatif maneviyat grubu, ikinci grup ise olumsuzluk içermeyen maneviyat grubu...

Araştırma sırasında katılımcılara fiziksel ağrı da dahil olmak üzere duygusal ve fiziksel sağlıklarıyla ilgili sorular yöneltildi.

Negatif maneviyat grubundaki kişiler daha kötü fiziksel ağrılara sahip olduklarını, zihinsel olarak iyi olmadıklarını bildirirken, pozitif maneviyata sahip bireyler daha iyi bir zihinsel sağlığa sahip olduklarını bildirdiler.

Araştırmacılar, negatif spiritüel inançlarla savaşmanın ve pozitif inançları yüceltmenin, kişilerin ağrılarına ve zihinsel sağlıklarına büyük oranda fayda sağlayacağını düşünüyor.

"Olumlu bir şey, olumsuz olan her şeyden daha iyidir."
– Elbert Hubbard

52. Çalışırken iyilik halinin önemi

Çalışanların örgütsel adalet algılarının psikolojik sermaye üzerine etkisi araştırılıyor. Hatta bu araştırmayla da yetinilmeyerek, bu etkide iyi olma halinin düzenleyici rolünü belirlemek amacıyla turizm sektöründe bir araştırma yapılmış. Bulgular çok ilginç...

Çalışanların örgütsel adalet algısının üç boyutunun (dağıtım, prosedür ve etkileşim) hem iyilik halini hem de psikolojik sermaye seviyesini pozitif ve anlamlı olarak etkilediği görülmüş. Kendilerine adil davranıldığını düşünen çalışanların kendilerini iyi hissettiklerini ve psikolojik sermaye seviyelerinin de yükseldiğini göstermiş.

Araştırmanın önemli bulgularından bir tanesi de beklendiği gibi örgütsel adalet algılarının üç boyutunun (dağıtım, prosedür ve etkileşim) psikolojik sermaye üzerine etkisinde iyilik hallerinin düzenleyici etkisinin bulunduğuna ilişkin. Bu da onların iyilik hallerinin hem yaşam kaliteleri hem de iş performansları üzerinde olumlu etki yaptığının göstergesi.

Çalışanlarına adil davranma konusunda hassasiyet gösteren ve onlarda olumlu adalet algısı yaratan yöneticiler, hem çalışanların mutluluk seviyelerini hem de psikolojik sermaye seviyelerini yükseltebiliyorlar. Bu değerli yaklaşım çalışma hayatını hem daha çekilir ve anlamlı kılacaktır hem de işten keyif almayı sağlayacaktır.

53. Doğa deneyimine dayalı çevre eğitimi

Türkiye'de küçük yaştaki çocukların doğaya temas ettiklerinde doğaya karşı duyarlılıklarının ne ölçüde etkileneceğini inceleyen bir araştırma yapıldı.

2006-2007 yılları arasında Muğla-Akyaka Belediyesi'ne bağlı bir ilköğretim okulunun öğrencileri arasından bir grup seçildi. Araştırmacılar tarafından geliştirilen "çevresel algı ölçeği" ve "çevresel davranış gözlem formu"ndan faydalanıldı. Ayrıca araştırmada yer alan çocuklara "öykü yazdırma" yoluyla da duyguları ve fikirleri soruldu.

Araştırmanın sonunda görüldü ki, miniklerin doğayla temasları onların çevre duyarlılığını daha da artırdı. Ayrıca, çevre bilinciyle ilgili daha sorumlu davranışlar geliştirdiler.

Çevre ve doğa eğitimini doğayla direkt temasta bulunarak öğrenmek, teoriden öteye geçip çocukların doğayı yaşayarak öğrenmesini kolaylaştıracaktır. Minik bireyleri etraflarındaki yapay çevre ve onun unsurlarından sıyırıp doğanın kalp atışlarını hissetmelerini sağlar. Canlı cansız tüm varlıkların tabiatta etkileşimine şahitlik etmelerini sağlamak; onların hayatta alacakları rolü, çevreye olan hassasiyetlerini, özel hayat ve belki de iş hayatlarında etkin bir rol almalarını sağlayacaktır...

54. Alzheimer hastalığı ve müzik terapi

Alzheimer; beynin başta bellek olmak üzere, dil, soyut düşünme, problem çözme, yönelim gibi bilişsel işlevlerde ilerleyici yıkım, sosyal işlevsellik ve entelektüel kapasitede gerilemenin görüldüğü bir hastalıktır. Hastalığın ilerleyen evrelerinde hastalarda öfke ve saldırganlık da görülmeye başlar. Bu dönemde genellikle müziğin sakinleştirici etkisinden yararlanılır.

Müzik terapi, bireylerin fiziksel, psikolojik, zihinsel ve sosyal ihtiyaçlarını karşılamak amacıyla müziği ve müzik aktivitelerini kullanan bir uzmanlık alanıdır.

Yapılan araştırmalarda müziğin ruhsal hastalıkların ortaya çıkmasında etkisi olan ve insanın duygusal durumunu düzenleyen serotonin, dopamin gibi hormonları olumlu etkilediği, kan basıncını, solunum ritmini düzenlediği gözlenmiştir.

Müzik terapiye katılan Alzheimer hastalarının, daha uzun süreler sakin kalabildikleri, bilişsel işlevlerinde iyileşme olduğu, uyku sürelerinin uzadığı ve daha uyumlu davranışlar sergiledikleri görülmüştür.

Müziğin, odaklanma ve odaklanmayı sürdürmeye destek olduğu, bellek, anlamlandırma ve hedefe yönelme işlevlerinde artış sağladığı Clair ve arkadaşları tarafından yürütülen araştırmada gözlenmiştir.

Müzik terapi, Alzheimer hastalarını hem ruhsal hem fizyolojik olarak olumlu yönde etkilemektedir. Bu hastalığın olumsuz etkilerini azaltmak için müzik terapi uygulamalarından faydalanmak, hem hasta hem de hasta yakınları açısından fayda sağlayabilir.

55. Epigenetik

Son yıllarda genetik alanındaki araştırmalar kalıtımın yeni bir boyutunu ortaya çıkarmış, DNA'nın yapısında değişim olmadan gen ifadesinde önemli değişiklikler meydana gelebildiğini göstermiş.

Epigenetik; genlerdeki değişimleri inceleyen bilim dalıdır. Genlerde oluşan değişikliklerin yeni nesillere de aktarılabildiği, yediklerimizin, duygularımızın ve daha birçok faktörün epigenetik değişiklikler oluşturabileceği kanıtlanmıştır.

Dr. Joe Dispenza duygularımızı, inanç kalıplarımızı, önyargılarımızı ve tepkilerimizi değiştirdiğimizde hücrelerimize yeni sinyaller gönderdiğimizi ve onların da DNA kodlamamızı değiştirmeden yeni proteinler üreterek yeni bir bilgiyle çalışmaya başladığını söylemektedir.

Duke Üniversitesi'nden Jirtle ve Dolinoy'un gerçekleştirdiği çalışmalar, yediğimiz yiyecekler de dahil, yaşam süresince maruz kaldığımız bütün çevre koşullarının gen ifademiz üzerinde önemli etkilere sahip olduğu gerçeğini ortaya koymuştur.

Dr. Bruce Lipton, Dr. Richard J. Davidson gibi birçok bilimadamının da duygularımızın genetik üzerinde etkili olduğunu gösteren çalışmaları mevcuttur.

Her birimiz kendi hayatlarımız üzerinde etkiye sahibiz. Beslenme alışkanlıklarımız, yaşam tarzımız, çevresel faktörler hem bizi hem de epigenetiğin aktarılması yoluyla yeni nesilleri etkilemektedir.

Hayatımızı nasıl yaşadığımıza dikkat edelim ki gelecek nesillere pozitif bir etken olalım...

56. Meditasyon-beyin ilişkisi

Harvard Tıp Fakültesi, Massachusetts Teknoloji Enstitüsü gibi kurumlarda yapılan araştırma sonuçlarına göre düzenli meditasyonla beyindeki nöronların birbirleriyle bağlantı şekilleri ve ilişkileri değişim gösteriyor (nöroplastisite) ve beynin kimyasal yapısında farklılıklara yol açıyor.

Massachusetts Genel Hastanesi'nden Dr. Sara Lazar ve meslektaşları tarafından yapılan bir araştırmada, meditasyon yapan ve yapmayan kişilerin MR incelemesi sonucunda meditasyon yapanların beyinlerinde yapısal değişiklikler görüldü. Katılımcıların farkındalık meditasyonundan 2 hafta önce ve 8 haftalık meditasyon programı sonrası çekilen MR görüntüleri ile meditasyon yapmayan kontrol grubunun eşzamanlı MR görüntüleri incelendi. Çalışmada 8 hafta boyunca günde ortalama yarım saat meditasyon yapan katılımcılarda beynin hipokampus (öğrenme, hafıza, duygular ile ilişkili bölgesi) bölümünde, gri maddede artış görüldü, amigdalada (korku, stres ile ilişkili bölge) gri maddede azalma tespit edildi.

Klinik araştırmaların sonuçlarına göre düzenli meditasyon yapan insanların stresle daha kolay baş edebildikleri gözlemlendi.

Kronik strese maruz kalan beynin uyum gösterme yeteneğinde yetersizlik oluşabilmektedir. Yetersizlik sonucunda depresyon gibi çeşitli hastalıklar oluşmaktadır. Meditasyon, stresi azaltmak için yapabileceğimiz en faydalı aktivitelerden biridir.

57. Müzik ruhun gıdası, bedenin ilacıdır

Sussex Üniversitesi ve Almanya'da bulunan Max Plank Enstitüsü'nde yapılan çalışmalar müziğin bağışıklık sisteminin güçlenmesinde aktif rol oynadığını kanıtlıyor.

Araştırmaya başkanlık eden Max Planck Enstitüsü'nden nörobiliş uzmanı Dr. Ronny Enk, müzikle elde edilen keyifli halin çeşitli fizyolojik değişikliklere yol açarak stres seviyesini düşürdüğünü ya da direkt olarak bağışıklığı güçlendirdiğini söylemektedir. Araştırmacılar 300 kişiyle yaptıkları testlerde, onlara 50 dakika boyunca mutlu ve neşeli dans müzikleri dinletmişler. Stres hormonu olan kortizol düzeylerinin dans müziği dinleyenlerde, kontrol grubuna kıyasla önemli seviyede düştüğü gözlemlenmiştir. Müzik dinlendikten sonra, immunoglobülin A antikorunda da yükselme görülmüştür.

Aynı zamanda, McGill Üniversitesi psikologlarından Daniel Levitin ve Mona Lisa Chanda 400 çalışmayı incelemiş ve müziğin bağışıklık sistemini güçlendirdiğini (imunglobulin A ve NK hücrelerini artırarak) ve stres hormonu olarak bilinen kortizol düzeylerini düşürdüğü sonucuna varılmış. Ayrıca müzik dinlemenin ameliyat öncesi kaygıyı azaltmada ilaçlardan daha etkili olduğu saptanmış.

Müzik, sağlığın korunmasında ve hastalıkların iyileşmesinde çok değerli bir faktör.

"Müzik ruhun gıdasıdır."

– Sokrates

58. Müzik ve çocuklar

Müzik beyinde öğrenme, dil, duyguların ifadesi, hafıza, fizyolojik ve motor kontrol gibi işlevleri etkiliyor.

Müzisyen ve müzisyen olmayan kişilerin beyinleri karşılaştırıldığında beynin ön lobunun (frontal korteks), yani işitme ve hareketle ilgili bölümünün müzisyenlerde daha kalın olduğu görülür. Ayrıca erken yaşlardan itibaren müzik aleti çalmayı öğrenenlerde iki beyin yarıküresini birbirine bağlayan corpus callosum adı verilen yapının daha büyük olduğu bilinir.

Hacettepe Üniversitesi'nden Prof. Dr. Erol Belgin, müziğin çocukların kendini ifade etme yeteneklerini geliştirdiğini, yaratıcı ve yapıcı düşünme kapasitelerini artırdığını, akademik performansı olumlu yönde etkilediğini söyler.

Buna ek olarak, Almanya'da Friedrich Schiller Üniversitesi'nde yapılan araştırmalarda, sürekli müzik aleti çalmanın beynin büyüklüğünü olumlu etkilediği, çok yönlü düşünmeyi ve bağlantılar kurmayı sağladığı, dolayısıyla da beynin kullanımını geliştirdiği saptanmış.

Erken yaşlarda çocukları müzik eğitimi almaya yönlendirmek çocukların hayatının her alanında kendilerini daha iyi ifade etmelerine ve yaratıcı düşünmelerine katkı sağlayacaktır.

"Müzik, insanların evrensel dilidir."
– Henry Wadsworth Longfellow

59. Kahkahanın önemi küçümsenemez

Finlandiya'daki Turku Pet Center adlı hastanesiyle birlikte, Oxford Üniversitesi ve Aalto Üniversitesi'ndeki araştırmacılar kahkahanın beyinde yarattığı hormonal değişimi araştırdılar.

Bu çalışmada, katılımcılara beynin opioid reseptörlerine etki eden radyoaktif bir bileşen enjekte edildi. Katılımcılar uzun süre yalnız kaldıktan sonra ve yakın arkadaşlarıyla gülüp kahkaha attıktan hemen sonra, pozitron emisyon tomografisi kullanılarak her birinin beyinlerindeki radyoaktivite ölçüldü.

"Kim ki tüm ruhu ile gülerse onun vücudunda hiçbir leke yoktur."
– Hans-Christian Oeser

Araştırmacılar sosyal ortamda kahkaha atmanın endorfin salınımını ve beynin uyarılma ve duygu kısımlarını kontrol eden opioid peptidleri artırdığını saptadılar. (Opioid vücutta morfin gibi etki gösteren kimyasal bir maddedir.)

Unutma, kahkaha ve gülümseme bulaşıcıdır. Bir kişi ile başlayan kahkaha, birçok kişiye kolaylıkla yayılır.

"Gülmek yan etkileri olmayan yatıştırıcı bir ilaçtır."
– Arnold Glashow

60. Anti aging önerisi: Biraz krem, biraz doğa

Doğada vakit geçirmek, hafızayı ve dikkat becerisini geliştiriyor. Ev ya da ofis gibi günün uzun saatlerinin geçirildiği ortamlarda bir doğa manzarasını izliyor olmak, suç işleme ve agresifleşme güdüsünü ciddi oranda düşürüyor.

Hastanelerin bahçeye bakan odalarında yatan hastaların iyileşme hızları, diğerlerine göre çok daha yüksek...

Prof. Berman, 2015 yılında Amerikalı, Kanadalı ve Avustralyalı bir grup araştırmacıyla birlikte yaptığı diğer araştırmayla hiçbir aktivite yapmaksızın sadece var olan demografik bilgiler ışığında yeşil alan ve sağlık ilişkisini inceledi.

Söz konusu bu araştırma, kalabalık nüfuslu Kanada'nın en büyük şehri olan Toronto'da gerçekleştirildi. Yüksek çözünürlüklü uydu görüntüleriyle şehrin yeşil alanları ve metrekareye düşen ağaç sayısı ölçülmüş, kişilerden kardiyo metabolik ve psikolojik durumlarını ölçmek amacıyla bir anket doldurmaları istendi. Araştırmaya katılan ve yeşil alanların daha yoğun olduğu sokaklarda oturanların özellikle kalp ve damar sağlıklarının daha iyi seviyede olduğu görüldü. Buna göre bir mahallede sadece 10 ağaç bile fazla olduğunda bölgede yaşayan sakinlerin sağlıkları ve yaşam kaliteleri diğerlerinden daha yüksek...

61. Dingin zihin, mutlu insan

Harvard Üniversitesi'nden araştırmacı Matthew Killingsworth ve sosyal psikolog Daniel Gilbert, bir iş yaparken, zihnin başka bir işle meşgul olması arasındaki mutluluk ilişkisini araştırmışlar ve bir uygulama geliştirmişler.

Yüzde 59'u erkek olan 2 bin 250 kişilik bir katılımcı grubuna önce içinde bulundukları anda kendilerini nasıl hissettikleri sorulmuş ve anbean akıllarına ne geldiği, ne düşündükleri takip edilmiş.

Peki sonuç ne olmuş?

Katılımcıların yüzde 47'si o an yaptıkları aktiviteye tam olarak odaklanamıyor ve zihinleri sürekli başka işlerle meşgul. Akıllarında bir dolu başka düşünce var.

Yüzde 65'inin her gün rutin olarak tekrar eden 22 aktivite arasından en çok diş fırçalarken ve duş yaparken, akılları başka yerde. Yüzde 50 oranında çalışırken, yüzde 40 oranında da spor yaparken zihinleri başka işler düşünüyor, yapılan aktiviteye konsantre olamıyor.

Katılımcılar, zihinleri başka düşüncelerle meşgul olmadan, tamamen yaptıkları aktiviteye odaklandıkları anlarda daha mutlu ve verimli hissediyorlar kendilerini.

Zihnin, yaptığı aktiviteye odaklanamadığında, yani başka düşüncelerle meşgul olduğunda kendini mutlu hissetmen, yaptığın aktiviteden yüksek performans ve fayda sağlaman mümkün değil.

Yani aslında kendini mutsuz hissettiğin için aklın başka şeylerle meşgul değil, aklın yaptığın işe odaklanmadığı için kendini mutsuz hissediyorsun.

62. Açık hava iyileşme sahası

Her gün düzenli şekilde açık havada otuz dakika yürümek dikkat ve karar verme becerisini artırır. Vücuttaki oksijenin seviyesinin yükselmesiyle birlikte zihin fonksiyonları da yükselir. Beyin hücreleri arasındaki bağlantıyı güçlendirir, yaşlanmaya bağlı beyin dokusunun bozulma riskini azaltır, birbirine mesaj ileten yeni nöronların gelişimini destekler.

Araştırmacılara göre, 12 yıl süren bir çalışmanın sonuçlarına göre, düzenli olarak açık havada yürüyen ya da dışarıda daha çok vakit geçirenlerde yaşlılığa bağlı olarak ortaya çıkan rahatsızlıklar gecikiyor.

Stanford Üniversitesi'nde biyoloji dalında doktora öğrencisi olan Gregory Bratman ve meslektaşları tarafından yürütülen bir çalışmanın sonunda yeşil alanda vakit geçirmek pozitif düşünmek ve çözüm odaklı olmak açısından oldukça etkili.

2050 yılına kadar, dünya nüfusunun yüzde 70'inden fazlasının büyükşehirlerde yaşayacağı öngörülüyor. Bu yüzden, kentleşmenin insan psikolojisi üzerindeki olumsuz etkilerinin azaltılmasına yönelik birtakım çözümler üretilmeye çalışılıyor.

Kentleşmenin sosyal yaşam açısından faydaları olsa bile zihinsel sağlık açısından riskleri var. Araştırmacılar, her gün yeşil bir alanda yapılan kısa yürüyüşler sayesinde olumsuzluklara kafa yorma eğiliminin azalacağını açıklıyorlar.

Her gün düzenli yürüyüşler yapmak yaşam kaliteni artıracaktır. Kendini daha dingin, daha huzurlu ve sağlıklı hissedeceksin.

63. Mutlu anneler, mutlu nesiller

Yaygın olarak sevgi hormonu diye anılan oksitosin, doğumun ve anne-çocuk bağının vazgeçilmez bir parçasıdır.

Florida Atlantik Üniversitesi'ndeki psikologlar tarafından yürütülen bir çalışmada, emzirme ve anneyle bebeğin yüz yüze etkileşiminin depresyonu ve oksitosin seviyesini nasıl etkilendiği incelendi.

Annelerde daha yüksek oksitosin seviyeleri, bebeklerde emzirme ve interaktif dokunuş sırasında ortaya çıkan oksitosin düzeylerini artırabiliyor. Başka bir deyişle, annenin mutluluğu bebeğine de bulaşıyor.

Doçent Dr. Nancy Aaron Jones ve ekibi çalışma için çok yönlü bir yaklaşımla anneleri gebelik başlangıcından doğum sonrası 6 aya kadar takip etti. Depresyon, emzirme ve bağlanma üzerine veriler toplandı. Oksitosin seviyelerini test etmek için annelerden ve bebeklerinden idrar örnekleri alındı. Aynı zamanda beyin dalgası aktivitesini ölçen, özel tasarlanmış EEG veya elektroensefalogram şapkası kullanılarak bebeklerdeki değişiklikler de takip edildi.

Çalışma sonucunda, bebeklerin annelerinin depresyonlarına benzer bir kalıp geliştirdikleri görüldü. Yeni kanıtlar, annelerde görülen ruhsal bozuklukların düşünülenden daha yaygın olduğunu gösteriyor ve yeni annelerin yaklaşık yüzde 10-20'sinde ortaya çıkacağı tahmin ediliyor.

Anne adaylarında görülen depresyon tedavi edilmezse, çocukların iyiliği ve anne-çocuk arasında gelişen bağ negatif yönde etkilenebilir.

64. Yemek yeme farkındalığı

Yakın dönemde gerçekleştirilen araştırmalar gösteriyor ki, yemek yeme alışkanlığı farkındalığı kazanıldığında hem daha sağlıklı yemek seçimleri yapmak mümkün hem de duygusal yemek yeme alışkanlığının önüne geçilebilir.

Doğu Londra Üniversitesi fen bilimleri yüksek lisans öğrencisi Ioanna Koptsi, farkındalığın yeme alışkanlıkları ve vücut kitle indeksi üzerindeki etkisini görmek adına bir çalışma gerçekleştirdi.

Koptsi öfke, depresyon ve endişenin, yemek yeme düzenini kötü etkileyebileceğini, bu yüzden yemek yeme farkındalığının öğrenilmesi gerektiğini savunuyor.

"Mide dolunca fikir uyur, hikmet ölür, azalar durur."
– Lokman Hekim

Yaptığı çalışmaya katılan 42 kadın ve 33 erkek, yemek yeme alışkanlıkları ve farkındalıklarıyla ilgili birtakım anketler doldurdular. Katılımcıların yüzde 7'si normal, yüzde 63'ü düşük, yüzde 28'i fazla kiloluyken, yüzde 1'i de obezdi.

Anketin sonundaki veriler incelenmeye devam edildikçe görüldü ki, yemek yeme alışkanlığıyla ilgili farkındalık arttıkça kişilerin ruhsal durumlara verdikleri tepkiler azalıyor. Ayrıca yemek tüketimi ve kilo değerlerinin yönetimi konusunda daha bilinçli bir yaklaşım sergiliyorlar.

O halde önce düşün, sonra ye.

65. Beynine iyi bak

Beyin, içinde nice sırların gizlendiği ve zaman içinde sürekli yeni bir özelliğinin keşfedilmeye devam edildiği mükemmel bir organ...

İyilik ise geçmişten günümüze toplumu ayakta tutan, birliği sağlayan vazgeçilmez bir davranış.

İkisinin işbirliği ne şahane olur değil mi?

Wisconsin Üniversitesi Psikiyatri Profesörü R. Davidson, beyin görüntüleme cihazıyla yaptığı araştırmalara göre, beynin sol prefrontal korteksinin mutlulukla yakından ilgili olduğunu ve iyilik yapmanın beyinde mutluluk hormonu (endorfin) salgılanmasını sağladığını söylüyor.

"İyilik yapmaktan üstün bir nitelik bilmiyorum."

– Beethoven

Davidson hayatlarının temelinde iyilik yapmak olan rahiplerin üzerinde beyin görüntüleme cihazı kullanmıştır. Bunun sonucunda rahiplerin beyin aktivitesinin özellikle prefrontal korteks bölgesinde yüksek olduğunu bulmuştur. İyilik yaparak sol beynimizi geliştirdiğimiz kanısına varmıştır.

İyilik öyle bir iksir ki dokunduğu her yerde farklı güzellikler doğurur. İyilik yaparak mutlu olan insanın güven duygusu artar. Mutlu olan beyinler ise toplumsal barışın hatta başarının en önemli paydasını teşkil eder.

66. Stres+stres = Başarısızlık

Lozan Federal Politeknik Üniversitesi araştırmacıları, stresin özgüvene olan etkilerini araştırdılar ve stres faktörünün sosyal eşitsizliğe ne şekilde yol açtığını da ortaya koydular.

Stres, güven duygusunu zedeliyor ve kişiyi ne yazık ki baskı altına alıyor. Özellikle sınav ve mülakat süreçlerinde baskı altında olmak, oldukça riskli...

Yapılan araştırmada 200'den fazla katılımcı iki ayrı teste tabi tutuldu. Testlerden biri IQ'larını (zekâ seviyesini), diğeri de genel anksiyete seviyelerini ölçmek içindi. Bir hafta sonra katılımcıların yarısına ağır sosyal strese sebep olan bir prosedür uygulandı. Kontrol grubu, stres prosedürüne maruz kalmadı. Sonrasında stresli ve stressiz bütün katılımcılara iki şekilde para kazanma opsiyonu tanındı. İlk seçenek IQ puanını başka bir katılımcınınkiyle yarıştırmaktı, diğer seçenekse piyango oynamaktı.

Stres prosedüründen geçmeyen kontrol grubunun neredeyse yüzde 60'ı IQ yarışını tercih etti. Genel anksiyete seviyeleri ne olursa olsun yüksek bir özgüven sergilediler. Fakat para oyunundan önce stres yaşayan katılımcıların durumu farklıydı. Stres, genel anksiyete seviyesi düşük olanlarda rekabetçi özgüvenin artmasına sebep olurken, genel anksiyete seviyesi yüksek olan kişilerde rekabetçi özgüveni epey düşürdü.

Yapılan deneyin sonucunda stresin bir insanın anksiyete eğilimine bağlı olarak özgüveni hem düşürebileceği hem de yükseltebileceği saptandı.

67. Duyarlı anne

Emzirmenin bağlayıcı faydaları aslında düşünülenden çok daha uzun vadeli... Konuyla ilgili yapılan bir çalışmada, emzirme süresinin zaman içinde anneye özgü duyarlılıkta yarattığı değişiklik gözlemlenmiş. Anneye özgü duyarlılık, annenin çocuğuna duyduğu tepki, duygusal sesi, davranışındaki esnekliği ve çocuğunun işaretlerini okuma becerisiyle tanımlanmıştır.

Araştırmacılar, Ulusal Çocuk Sağlığı ve İnsan Gelişimi Enstitüsü'nün (NICHD) yaptığı çocuk bakımı ve yetiştirmeye dair yaptığı çalışmaya katılan 1.272 aileyle yapılan görüşmelerin verilerini analiz etmişler.

Katılımcı kadınlar ortalama 17 hafta boyunca çocuklarını emzirmişler. Yüzde 1'den azı 24 ay boyunca emzirmiş, yüzde 29'u ise hiç emzirmemiş. Çalışmanın bir parçası olarak ebeveynler, serbest oyun senaryoları ve yaşa uygun problem çözme görevleriyle çocukları ile iletişime geçmişler. Çalışmada, annenin destek seviyesi, çocuğun özerkliğine saygı ve düşmanlık düzeyleri gibi işbirliğine dayalı etkileşimin kalitesi değerlendirilmiştir.

10 yıla yayılan bu araştırma, çocuklarını uzun süre emziren annelerin, çocuklarının bebeklik ve yeni yürüme döneminde, ayrıca sonraki yıllarda yüksek bir duyarlılık seviyesine sahip olduklarını göstermiştir.

"Bir çocuk doğduğu anda, bir anne de doğmuş olur."

– Osho

68. İş hayatındaki yaratıcılık ve bağımsızlığın sağlığa etkisi

Teksas Üniversitesi Sosyoloji Bölümü profesörleri John Mirowsky ve Catherine E. Ross tarafından yürütülen bir araştırma, kendi aktiviteleri üzerinde daha fazla kontrole sahip olan çalışanların daha sağlıklı olduğunu gösteriyor.

Söz konusu çalışma 1995 yılında telefonla ankete katılan 2.592 yetişkinin 1998 yılına kadar takip edilmesiyle yapılmış. Ücretli ya da ücretsiz çalışan kişilerle, işsiz insanların genel sağlık, fiziksel kapasite, zamanı değerlendirme, yeni şeyler öğrenme istekleri ve kapasiteleri karşılaştırılmış.

Elde edilen sonuçlara göre, çalışan insanlar para kazanmak adına kendi aktiviteleri üzerindeki kontrollerinin bazılarından feragat etmekteler. Ancak yine de, çalışmak iyi bir sağlığa sahip olmakla doğru orantılıdır. Ücretli işler, bağımsızlık kaybını telafi eden yaratıcı ifade etme platformları sağlıyor olabilir. Ayrıca ücretli çalışan kişilerin daha az bağımsızlığa sahip olduğu, ancak işlerinde veya diğer temel günlük aktivitelerinde daha iyi olduğu görülmüştür.

Herkesin tabii ki çalışmaya ihtiyacı vardır. Sadece para için değil, üretmeye ve başarmaya odaklı fiziksel ve zihinsel efor sarf etmek vazgeçilmez bir etkendir. Eğitim yaratıcılığı artırırken, iş hayatı bu yaratıcılığın kullanılabileceği kapılar açar. Alınan sonuçlar da buna göre fiziksel olarak canlandırıcı, ekonomik olarak tatmin edici, ruhsal olarak iyileştirici olur.

69. Ruh performansı

Western Ontario Üniversitesi'nden Ruby T. Nadler, Rahel Rabi ve John Paul Minda'nın araştırmalarına göre, daha iyi bir ruh hali, daha iyi bir performansa imkân tanır.

Ruh hali ve bilişsel süreç hakkındaki teoriler, daha iyi bir ruh halinin, bilişsel esnekliği artırdığını öne sürüyor. Artan esneklik prefrontal korteks (amaçlarımız doğrultusunda düşünce ve davranışlarımızı yönlendirmektedir) ve anterior singulat korteks (empati, dürtülerin kontrol edilmesi, karar verme süreçleri ve duyguları düzenlemektedir) ile ilişkilidir ve her ikisi de hipotez testi ve kural seçiminde çok önemli roller oynar.

Dolayısıyla, hipotez testi ve kural seçimi gibi davranışlara dayanan bilişsel görevler pozitif ruh halinden yararlanabilir; oysa bu tür davranışlara dayalı olmayan görevler pozitif ruh durumundan etkilenmemelidir.

Bu fikir kategorili öğrenme çerçevesinde araştırılmıştır. Araştırmaya katılan 87 üniversite öğrencisinin bir bölümüne, mutlu edici, bir bölümüne üzücü, bir bölümüne de nötr müzik dinletilmiş ve videolar izletilmiş. Bu şekilde deneklerde pozitif, nötr ve negatif ruh halleri uyarılmış ve kural tanımlı ya da kural tanımsız bir kategori seti öğretilmiştir.

Pozitif ruh halindeki denekler, kural tanımlı kategorilerdeki uyarıların sınıflandırılmasında, nötr veya negatif ruh halindeki deneklerden daha iyi performans göstermiştir. Eğlenceli video izleyen grup sınıflandırmayı daha kolay öğrenmiştir.

70. Meditasyonun düşünme biçimleri üzerindeki etkisi

Leiden Üniversitesi araştırmacıları, meditasyon deneyimine sahip olmanın, performans ve strateji esnasında yakınsak ve ıraksak düşünme yöntemlerini kullanmak üzerinde bir etkisinin olup olmadığını araştırdılar.

Meditasyona yöneltilen bilimsel ilgi son yıllarda hayli artmış olsa da, bilimciler şu ana kadar farklı meditasyon türlerinin belirli bilişsel süreçleri etkileyebileceği tezini ihmal ettiler.

Focused-attention (FA)/odaklanmış dikkat ve open-monitoring (OM)/açık gözetim meditasyonlarının yaratıcılık üzerinde belirli bir etki yarattığı tespit edilmiş. OM meditasyonu, birçok yeni fikir üretmeyi sağlayan bir düşünce tarzı olan ıraksak düşünceyi teşvik ederken, FA meditasyonu, belirli bir soruna tek bir olası çözüm üreten yakınsak düşünmeyi destekleme eğilimindedir.

Yeni bir çalışmayla farklı meditasyon tiplerinin düşünme süreci üzerindeki etkisi de incelendi. Araştırmaya düşünsel etkinlikler yapması gereken 40 kişi katıldı. Katılımcıların yarısı deneyimli meditasyoncular, diğer yarısı hiç meditasyon yapmamış kişilerdi.

Sonuçlar OM meditasyonunun ıraksak düşünme üzerindeki artırıcı etkisinin önceki deneyimlere bakmaksızın çok sağlam olduğunu gösterdi. Bununla birlikte, meditasyon deneyimi olanların, acemilere kıyasla, yakınsak düşünmeyle problem çözerken analitik bir düşünme şeklinden ziyade, daha sık olarak içgüdüsel bir yaklaşım kullandığı görüldü.

71. Neden yavaşlamalıyız?

Yazdığı kişisel gelişim ve seyahat kitaplarıyla tanınan Pico Iyer, Türkçeye *Sükûnet Sanatı* olarak çevrilen kitabında yoğun bir tempoda yaşayan günümüz insanının yavaşlamasının önemini vurgulayarak, pek çok Amerikan kurum ve kuruluşunun bu amaca yönelik uygulamalarını ve faydalarını anlatıyor.

Silikon Vadisi'nde pek çok kişinin, her hafta cuma gününden pazartesi sabahına kadar, kişisel potansiyellerini artırmak amacıyla internet molası verdiğini belirten Iyer, Minneapolis General Mills Kampusu'nda ise her binada bir meditasyon odası bulunduğunu ve Temsilciler Meclisi üyelerinin meditasyona özendirildiğini belirtiyor. Meditasyonun, kan basıncını düşürmeye, bağışıklık sistemini güçlendirmeye, hatta beynin yapısını olumlu yönde değiştirmeye katkıda bulunduğunun da altını çiziyor.

Amerikan firmalarının üçte birinin "stresi azaltma programı" uyguladığını ve her geçen gün bu oranın arttığını açıklayan Iyer, dev sağlık firması Aetna'da uygulanan programa katılanların stres düzeyinin, yalnızca haftada bir yoga yaparak, yüzde 30 gerilediğini belirtiyor.

21. yüzyılın en yaygın hastalığının "stres" olacağını açıklayan Dünya Sağlık Örgütü'nün bu tespitine de değinen Iyer, yavaşlamaya yönelik uygulamaların stresi önleyen ilaçlardan sayılabileceğini sözlerine ekliyor.

72. Zorlukların ilacı hoşgörü

Journal of Clinical Psychology'de (Klinik Psikoloji Dergisi) yayımlanan çalışmada kadın üniversite öğrencileri arasında direnç ve refahın artırılması için yeni geliştirilen öz duyarlılığa yönelik 3 haftalık bir müdahalenin etkinliği test edildi. 52 öğrenciden 27'si, öz duyarlık yeteneklerini öğretmek için tasarlanmış bir müdahaleye, 25 tanesi ise; genel zaman yönetimi yeteneklerinin öğretildiği aktif kontrol grup müdahalesine atandı. Her iki müdahale de, 3 hafta boyunca düzenlenen 3 grup toplantısı içeriyordu.

Katılımcılara ilk toplantıda üzüntü durumlarında kollarındaki bileziği değiştirmeleri istendi. Kendini sevme günlüğü tuttular ve meditasyon yaptılar. Zaman yönetimi grubuna da zamanı nasıl etkin kullanacakları öğretildi. Direnç ve refah kazanımlarının ölçülebilmesi için katılımcılar, müdahaleden önce ve sonra çeşitli anketler doldurdu.

Peki araştırmanın sonunda ne oldu?

Öz duyarlık müdahalesi yapan grupta, kontrol grubuna kıyasla ruminasyonda (düşüncelerin zihinde tekrar eden bir biçimde dönüp durması) gözle görülür derecede bir azalma ve öz duyarlık, farkındalık, optimizm ve öz yeterlikte büyük miktarda artış görüldü.

Her iki müdahale de, öğrencilerin yaşam memnuniyetini ve bağlılığını artırırken, endişe ve ruh hali açısından herhangi bir fark görülmedi.

Bu bulgular, kısa bir öz duyarlık müdahalesinin öğrencinin direncini ve refahını artırma potansiyeline sahip olduğunun en güzel kanıtı...

73. Babacığım telefonla değil, benimle ilgilen

Ebeveynlerin akıllı telefonlar ve tabletler gibi teknolojik cihazlarla fazla vakit geçirmeleri, yetersiz ebeveyn-çocuk etkileşimiyle ilişkilendirilmiştir.

Konuyla ilgili yapılan bir çalışmada, ebeveynlerin aşırı teknoloji kullanımının çocuklarıyla olan etkileşimlerini engellemesinin, çocuk davranışlarını etkileyip etkilemediği sorgulandı.

Michigan Üniversitesi, C.S. Mott Çocuk Hastanesi ve Illinois Eyalet Üniversitesi tarafından yapılan araştırmada, ebeveynlerin kullandığı dijital teknolojinin çocukların davranış sorunlarıyla ilişkili olabileceği saptandı.

Araştırmacılar, 170 ebeveynden hem anneler hem de babalar tarafından ayrı ayrı doldurulan anketleri analiz etti. Çalışma, ebeveynlerin teknolojiyi düşük veya normal miktarda kullanmasının bile çocuklarda aşırı duyarlılık, hiperaktivite ve sızlanma gibi daha büyük davranış sorunlarına sebep olabileceğini ortaya koydu.

Kıdemli yazar Jenny Radesky, "Bu, kesitsel bir çalışmaydı, bu nedenle ebeveynlerin teknoloji kullanımı ile çocuk davranışı arasında doğrudan bir bağlantı kuramayız, ancak bu bulgular ilişkiyi daha iyi anlamamıza yardımcı olur" diyor.

Mobil teknoloji aracılığıyla dış dünyaya bağlı kalmanın büyük getirileri olabilir. Ancak teknoloji kullanımına sınırlar koyulursa, anne ve babaların çocuklarıyla anda kalarak geçirecekleri kaliteli zaman, çocukların gelişimini olumlu yönde etkileyecektir.

74. Bilinç sıçraması

Pasifik Okyanusu'nda bulunan bazı adalarda yaşayan maymunların doğal ortamlarına düzenli şekilde tatlı patatesler bırakıldı. Maymunlar, kumsala bırakılan tatlı patatesleri çok sevdiler ama patateslerin kumlu olmasından hiç hoşlanmadılar. Sonunda on sekiz aylık Imo isimli dişi bir maymun, bu soruna bir çözüm buldu. Patatesleri en yakın su birikintisinde yıkayarak yemeyi akıl etti. Bu buluşunu çevresine de öğreten Imo'nun ailesi ve arkadaşları da patateslerini yıkayarak yemeye başladılar.

Bu yeni davranış modeli maymunlar arasında giderek yayıldı ve birkaç yıl içinde maymunların 100'e yakını patateslerini yıkayarak yeme alışkanlığı edindi. 100'üncü maymundan sonra patateslerini yıkayan maymun sayısında çok büyük bir hızda artış gözlemlendi ve kısa sürede adadaki tüm maymunlar patateslerini yemeden önce yıkadılar. Sonrasında başka adalarda yaşayan ve birbirleriyle hiçbir görsel ya da işitsel iletişime geçmemiş olan maymunlar bile patateslerini yıkayarak yemeye başladılar.

Yeni bir davranış tarzı ve düşünce, toplumun belirli bir oranı tarafından benimsendiğinde, bu yeni davranış modelinin ve düşüncenin; mesafenin önemi olmaksızın zihinden zihine aktarılabildiği görüldü. Yeni bir düşünce; toplumda sadece belirli sayıda insan tarafından biliniyorsa, bu yenilik sadece o kişilere ait bir şey olmaktan çıkarak yaygınlaşabiliyor.

75. Yaşlılarda dokunma ve masajın önemi (geriatrik masaj)

Yaşlanmak, genel olarak beden sisteminin parçası olan molekül, hücre, doku ve organ gibi kısımlarının zamanla fonksiyonel ve niteliksel olarak onarılamayacak şekilde değişim göstermesidir. Fizyolojik olarak değişim geçiren kişinin sosyal ve yaşamsal kalitesinde de bazı değişiklikler yaşanır. Kısıtlanan hareket kabiliyeti, kronikleşen bazı rahatsızlıklar gibi... Yaşlı tıbbı olarak da anılan geriatri dalı, yaşlı insanların yaşam kalitesine katkıda bulunmak, bedensel, ruhsal ve sosyal açıdan yaşlanan kimselere destek olmak için Geriatrik Masaj yöntemini geliştirdiler.

Masajın amacı yaşlı kişilere uygulanarak rahatlamalarını sağlamak, kan dolaşımlarının daha sağlıklı gerçekleşmesine katkıda bulunmak, ağrılarını azaltmak ve hareket kabiliyetlerinin kalitesini nispeten artırmak...

Konuyla ilgili bir araştırma da yapılmış. 4 farklı yaş ve sağlık grubundaki yaşlılar üzerinde 6 ay boyunca haftada 2 kez otuzar dakikalık masaj seansları gerçekleştirilmiş.

6 ayın sonunda yaşlıların fiziksel olarak rahatlamalarında yüzde 59, uyku kalitelerinde yüzde 34, anormallik gözlenen davranış biçimlerinde yüzde 79 oranında olumlu ilerlemeler gözlemlenmiş.

Yaşlı insanlar hayatlarının gitgide zorlaştığı, hastalıklarla baş etmeye çalıştıkları ve bedenlerinin kapasitelerinin azaldığı bu süreçlerde her şeyden çok ilgi ve şefkate ihtiyaç duyarlar.

76. Bir dize hoşgörü

York Üniversitesi'nde felsefe eğitimi veren, ayrıca kurgu, anlatım, duygular, ironi ve bilişsel arkeoloji üzerine çalışmalar yapan Prof. Gregory Currie'nin gerçekleştirdiği bir araştırmaya göre, edebiyatın insanın toplum içerisindeki ahlak ve sosyal davranışları üzerinde önemli bir etkisi var.

York Üniversitesi'nden psikolog Raymond A. Mar, 2006 ve 2009 yıllarında yayımladığı makalelerinde edebiyatla ilgilenen, bilimkurgu ve şiir okuyanların sosyal hayatlarında daha anlayışı ve toleranslı olduklarını ifade ediyor. Ayrıca empati bağı kurabilme yetenekleri de daha yüksek.

Şiir okuyan çocukların ileriki yaşlarda entelektüel ve duygusal zekâlarında gelişime daha açık olduğu saptanmış.

77. Köpekler, insanın olduğu kadar kalbin de dostu

İsviçre'deki Uppsala Üniversitesi'nde Epidemiyoloji Profesörü olan Tove Fall, yaptığı bir çalışmada evcil hayvan olarak köpek bakan insanların, köpeği olmayanlara göre daha sağlıklı olduğunu açıkladı. Fall'un tezine göre bir köpek sahibi olmak kalp rahatsızlığı riskini yüzde 36 düşürüyor. Köpek besleyen insanlarda kalp rahatsızlığı sebebiyle yaşanan ölümlerin yüzde 15 daha az görülüyor.

Prof. Tove Fall'un yaptığı araştırmaya yaşları 40 ile 80 arasında değişen 3,5 milyon kişi katıldı. Katılımcıların köpek sahibi olup olmamaları ve sağlık kayıtları incelendi. 12 yıl boyunca gözlemlenen katılımcıların sadece yüzde 13'ünün köpeği vardı.

Prof. Fall, köpeği olan kişilerle yalnız yaşayan kişilerin sağlık durumları arasında büyük çaplı bir fark olduğunu gözlemleyerek, "İnsanların sağlık durumları yalnız başlarınayken daha fazla değişiyor. Eğer evinizde köpek bakıyorsanız, yalnız yaşamanın etkilerini dengelersiniz" açıklamasında bulundu.

Araştırmanın sonunda görüldü ki, evinde köpek bakan insanların, bakmayanlara göre kalp rahatsızlığı ve diğer ölümcül hastalıklardan ölme riskleri yüzde 36 daha az.

Elde edilen sonuçlar, köpeklerin insan sağlığını nasıl etkilediğini tam olarak söyleyemese de, yalnız yaşayanlara oranla köpek besleyenlerin stres seviyeleri daha düşük ve yaşam motivasyonları daha yüksek.

78. Karar ver denize at

Exeter Üniversitesi'nden Lora Fleming yaptığı bilimsel araştırmalarla deniz kenarında zaman geçirmenin sağlığa faydalı olduğunu ortaya koymuş.

Fleming'in araştırmasına göre deniz kenarında bulunmak beynin prefrontal korteks kısmını aktive ediyor. Prefrontal korteks beynin duygular ve buna bağlı olarak karar alma mekanizmasının bir parçası... Yapılan araştırmaya göre okyanus sesi dinletilen deneklerde prefrontal korteksin aktive olduğunu gözlemlenmiş.

Sonuç olarak önemli kararlar almadan önce deniz kıyısında vakit geçirmek iyi bir fikir olabilir. Sahilde yapılacak bir yürüyüşün ardından daha sağlıklı kararlar vermek mümkün.

"Deniz her zaman benim en büyük sırdaşım olmuştur; ona anlatılan her şeyi dinler ve derinliklerine gömüp sırlarınızı kimseye söylemez. En iyi tavsiyeleri o verir, istediğiniz her şekilde yorumlayabilirsiniz onun huzurlu sesini."

– Che Guevara

79. Bana bir masal anlat baba

York Üniversitesi psikologlarından Raymond Mar ve ekibi hikâye ve masal okumanın empati kurabilme becerisiyle ne kadar ilişkili olduğunu araştırdılar.

Araştırmaya 55 çocuk, aileleriyle birlikte katıldı. Öncelikle ailelerin çocuk kitaplarına yakınlığı ile bu ailelerin çocuklarının zihin-kuram testlerindeki performansları arasındaki ilişkiler gözlemlendi. İlgili testler, çocukların düşüncelerini ve isteklerini nasıl dile getirdikleri, ayrıca başka insanların farklı düşüncelerinin ve isteklerinin olabileceğini fark edip, etmediklerini incelemek amacıyla yapıldı.

Katılımcı ailelerin çocuk kitaplarını ne kadar tanıdığı da araştırıldı.

Sonuç olarak görüldü ki, çocuk kitaplarını tanıyan çocuklar, zihin-kuram testlerinde çok daha iyi performans gösterdiler. Anne babalar ve çocukları arasında, bu hikâyeler üzerine geçen konuşmalar, çocukların kitap karakterlerini daha iyi anlamalarını ve onlara karşı bir anlayış geliştirdiklerini gösterdi.

Raymond Mar'a göre kurgusal hikâyeleri okumak geçmişteki sosyal etkileşimleri düşünmeyi veya gelecekteki etkileşimleri hayal etmeyi sağlıyor.

"Yaşamımızdaki deneyimlerimiz, dünyaya karşı anlayışımızı şekillendirir. Kurgusal hikâyelerden edindiğimiz hayali deneyimler de bizi aynı şekilde değiştirir ve şekillendirir" açıklamasında bulunan Mar, "Bununla birlikte, kurgu hikâyeler sihirli değnek değildir, sadece değişme ve gelişme fırsatı sunarlar" diyerek tamamlıyor konuşmasını.

80. Âşık olmanın bilim hali

Amerikalı bir antropolog olan Dr. Helen Fisher ve arkadaşlarının yaptığı bir araştırmada 40 kişiden fazla kadın ve erkek fMRI (Fonksiyonel Manyetik Rezonans Görüntüleme Tekniği) ile bir aşk testine tabi tutuldular. Çalışma süresince katılımcılara âşık oldukları insanların fotoğrafları gösterildi.

Sonuçta ne mi oldu?

Çalışma boyunca âşık oldukları insanların fotoğraflarına bakanların beyinlerinde dopamin aktivitesi saptandı.

Dr. Helen Fisher'ın yaptığı bu çalışma, âşık olan insanların daha enerjik, pozitif ve daha üretken olduğunu kanıtlıyor. Dopamin genellikle serotonin hormonu gibi "mutluluk hormonu" olarak da anılır. Dopaminin harekete geçirici, dikkati artırıcı ve haz veren ödüllerle ilişkilisi de bulunuyor.

"Aşk dehanın besinidir."

– Gustave Flaubert

81. Hayvanlar ve ahlak ilişkisi

Japonya'daki Kyoto Üniversitesi'nin araştırmacıları, köpek ve maymunlardaki bazı davranışları inceleyerek insan ahlakının kökenini anlamak üzere bir çalışma gerçekleştirdiler.

Yapılan çalışmada, deneklere birbirinin zıddı farklı iki davranış senaryoları yazılmış ve maymun ile köpeklerin de insanlar arasındaki etkileşimini seyrederek değerlendirmesi sağlanmıştır.

Araştırmanın işleyişine göre, hayvanlar zorla tutulmamış, deney ortamına dahil edilmemiş, davranışları olabildiğince doğal ortamlarında gözlemlenmiş.

İlk senaryoda, elindeki kutuyu açmayı başaramayan kişi, başka birine giderek yardım talebinde bulunuyor. Diğer kişi, yardım talebini ya kabul edip yardım ediyor ya da reddederek arkasını dönüp gidiyor. Üçüncü kişi, hiçbir şey yapmadan olanları izliyor.

Sonrasında bu üç kişiden, onları izleyen hayvanlara ödül vermesi istenmiş. Hayvanlar, başka bir insanın yardım isteğine arkası dönen kişiden ödül almayı reddetmişler ya da isteksizlik göstermişler. Yardım edenlere karşı tavırları ise tamamen olumlu...

Sonuç olarak, maymunların adil insanlarla yakın bağ kurduğu, köpeklerin de insanların davranışlarını yargıladığı görülmüş.

Ayrıca köpekler ve maymunlar gibi insanlarla yakın olarak evrimleşmiş canlı türleri başta olmak üzere, birçok hayvanın da yardımlaşma, dayanışma, sorumluluk gibi ahlakın temelinde olan duygulara sahip oldukları saptanmış.

82. Annelerin sesi asla detone olmaz

Stanford Üniversitesi nörobiyoloğu Daniel Abrams ve ekibi fonksiyonel MR (fMRI) görüntüleme yöntemleriyle anne sesinin çocuklar üzerindeki etkilerini araştırdılar.

Araştırmaya yaşları 7-12 arasında değişen ve biyolojik anneleri tarafından yetiştirilen 24 çocuk katıldı.

Çocuklar beyinleri görüntülenirken anneleri veya tanımadıkları bir kadın tarafından söylenen ve anlamı olmayan cümleler dinlediler. Yüzde 97'nin üzerinde bir başarıyla annelerinin seslerini 1 saniye içerisinde ayırt edebildiler.

Araştırmacıların hipotezine göre anne sesinin "ses ayırt edici beyin bölgeleri" adını verdikleri bölgelerde tanımadıkları kadın seslerine göre daha fazla etkinlik gösteriyor.

Anne sesinin sadece ses ayırt edici beyin bölgelerini uyarmakla kalmadığı beynin diğer bölgelerini de etkilediği görüldü. Sonuç olarak şunu söylemek mümkün ki, anne sesi çocuğu için sinirsel parmak izi işlevi görüyor.

Anne sesinin özel sinirsel şablonları olduğu bilimsel olarak da böylece kanıtlanmış oldu. Uyku öncesi dinlediğimiz masallar, yapılan konuşmalar, hatta anne karnında işittiğimiz sesler bizi biz yapan sesler...

Anne sesi, çocuğun duygusal gelişimi ve sosyal iletişim becerilerini yüksek ölçüde etkiliyor.

83. Kalbin çiçek açsın

New Jersey Devlet Üniversitesi çiçeklerin insan duyguları üzerindeki etkilerini araştırdı. On aylık bir çalışmadan sonra dünyada ilk kez "Çiçeklerin İnsan Duygularına Olan Etkileri" konulu bir makale 22 Eylül 2000 tarihinde yayımlandı.

Araştırmaya göre görüldü ki, çiçeklerin, mutluluk üzerinde ani ve büyük bir etkisi var. Araştırmaya katılan kişiler, kendilerine çiçek verildiğinde, bu çiçekleri gerçek ve sevinç dolu gülücüklerle kabul etmişler. Tepkilerinin evrensel olmakla birlikte her yaş grubunda oluştuğu da gözlemlenmiş.

Çiçeklerin duygular üzerinde uzun zaman boyunca geçerliliğini koruyan pozitif etkisi vardır. Katılımcıların, birinden çiçek aldıklarında, depresyonlarının ve mutsuzluklarının azaldığı görülmüş. Bununla birlikte mutluluk ve hayattan aldıkları zevk artmış. Üstelik iyi halleri uzun süre devam etmiş.

Çiçeklerin bulunduğu ortamlarda, aileler ve arkadaşlar arası kurulan ilişkilerin daha samimi ve içten olduğu izlenmiş.

Söz konusu bu araştırma sırasında katılımcıların evlerinin hangi bölümlerinde çiçek bulundurdukları da incelenmiş. Çiçekler teslim alındıktan sonra genelde antre, oturma odası ve salon gibi evin ziyaretçilere açık kısımlarına yerleştirilmiş. Bu davranışın sebebi ne mi?

Tabii ki, çiçeklerin bulundukları ortamın atmosferini paylaşma duygusuyla doldurması...

84. Hayatın dalgalandıkça denizin dalgalarını dinle

Stanford Üniversitesi'nde Nöroloji Uzmanı olarak çalışan Shelley Batts, deniz dalgalarının insan sağlığı üzerindeki etkilerini araştıran bir çalışma gerçekleştirdi.

Araştırma ekibi insan beyninin sesleri neden rahatsız edici ya da neden rahatlatıcı bulduğu üzerine çalıştılar ve beynin deniz dalgalarını diğer tüm seslerden daha rahatlatıcı bulduğunu kanıtladılar.

Nöroloji Uzmanı Batts'a göre; deniz dalgalarının oluşturduğu ses derin hatıralarla birlikte güven hissi veriyor. Bunun sonucu olarak insanlar deniz kıyısındayken kendilerini daha güvenli ve huzurlu hissediyorlar.

Deniz dalgalarının yarattığı ses insana ana rahmindeki boşluğun sesini hatırlatarak doğmadan önce anne karnındayken hissedilen güven, huzur ve rahatlık duygusunu deneyimletiyor.

85. Sanat terapisi

Sanat, iyileştirici bir güce sahiptir. Müzik, dans ve yazı etkinliklerini içeren sanat terapileri Amerika, İngiltere ve Kuzey Avrupa ülkelerinde oldukça üzerinde durulan bir konu.

Sanat terapilerinden elde edilen sonuçlar şaşırtıcı derecede pozitif...

2013 yılında Amerikan Ulusal Sağlık Enstitüleri, 1576 kanser hastasına 27 farklı sanat dalıyla bir terapi uyguladı. Bu terapi sayesinde hastalarda odaklanma becerisinin arttığı, streslerinin azaldığı saptandı.

Kanser hastaları, tedavi süreci içinde yaşadıkları ölüm korkusu, kaygı ve stresten sanat terapileri sayesinde kurtulabiliyorlar. Sağ beynin işlevsellik kazanmasıyla birlikte otonom sinir sistemi, beyindeki nöro-iletkenler ve hormonlar iyileşmeye başlıyor.

Anksiyete yerini ilham dolu bir yaratıcılığa bıraktığında beyin dalgaları da değişmeye başlıyor. Beta beyin dalgasının aktif olduğu süre azaldığında, alfa beyin dalgası daha uzun süreli deneyimlendiğinde stres seviyesi de düşer. Bedendeki stres seviyesinin düşmesi korkunun, takıntıların ve anksiyetenin de dönüşmesi anlamına gelir.

Dolayısıyla sanatla ilgilenmek, direnci artırıyor. Resim, müzik, dans, seramik, heykel, ebru, enstrüman, yazı ve daha onlarca seçenek var önünde...

Sanatla sağ beyni çalıştırdığında sadece ruhsal bedenini değil, fiziksel ve zihinsel sağlığını da iyileştirdiğini unutma.

İşe çöp adam çizerek başlayabilirsin.

86. Aşkın kalp atımı

2012 senesinde *Journal of Emotion* adlı bilim dergisinde bir araştırma yayımlandı. Çiftlerin birbirlerinin gözlerine bakarken kalp atışlarının neden ve nasıl değiştiğini inceleyen bu araştırmada 32 çift, sakin bir odada karşılıklı olarak oturdular. Hiç konuşmadan ve hiç dokunmadan birbirlerinin gözlerinin içine baktılar. Tabii bu sırada kalp atışları araştırmacılar tarafından monitörler aracılığıyla takip ediliyordu.

Deney süresince çiftlerin nefes alışverişleri ile birlikte kalp atış hızlarının da birbirine uyum sağlamaya başladığı ve sonrasında senkronize olduğu görüldü. Deneyin bir sonraki etabında şartlar değişti. Bu kez tanımadıkları insanlarla göz kontağı kurdular.

Peki sonuç ne oldu?

Hiçbirinin kalp ritminde ve nefes alıp verme hızında herhangi bir değişim gözlemlenmedi.

Birbirleriyle güçlü duygusal bağları olan insanların birbirlerinin fizyolojik tepkilerinde değişimler yaratabildiği bilimsel olarak da kanıtlanmış oldu.

> *"Duygusuz karanlığı aydınlatamayız*
> *ve bitkinliği harekete çeviremeyiz."*
> – Carl Gustav Jung

87. Her kitabın kahramanı okurudur aslında

Brain Connectivity'de yayımlanan bir araştırmaya göre, kurgusal bir hikâyeyi okumak, beyin fonksiyonlarının çalışmasında beş güne kadar uzanan değişiklikler yaratabiliyor.

İlginç değil mi?

Emory Üniversitesi'ndeki araştırmacılar, katılımcılardan, milattan sonra 79 yılında geçen ve âşık olduğu kadını Vezüv Yanardağı'nın patlamasından kurtarmaya çalışan bir adamı konu alan tarihsel gerilim kitabı *Pompei*'yi okumalarını istemişler.

Kitabı okumaya başlamadan önceki beş gün boyunca katılımcıların temel aktiviteleri tabii ki kaydedilmiş. Sonrasında her katılımcı, romanı bölümler halinde dokuz gün boyunca okumuşlar.

Sonuç daha da ilginç...

fMRI taramalarının ardından, beynin sol temporal lobundaki aktivitenin arttığı gözlemlenmiş. Bununla birlikte, katılımcıların duyusal becerilerinde de artış görülmüş.

Nörolog Gregory Berns, konuyla ilgili şu açıklamayı yapmış:

"Fiziksel his ve hareket sistemlerinde gözlemlediğimiz nörolojik değişiklikler, roman okumanın, sizi, bir anlamda başkarakterin bedenine aktarabileceğini gösterdi. İyi hikâyelerin okuyucuları mecazi anlamda bir başkasının yerine koyabildiğini zaten biliyorduk. Şimdiyse bunun yanında biyolojik değişikliklerin de gerçekleştiğini söyleyebiliriz."

fMRI sonuçları, beyinde gerçekleşen değişikliklerin, kitap bittikten beş gün sonra dahi belirgin halde olduğunu ortaya koydu.

Nörologlar, kitapseverlerin düşüncelerini haklı çıkardı. Kitaplar gerçekten hayatınızı değiştirebilir.

88. Sualtındaki huzur

İngiltere'nin Plymouth şehrindeki Ulusal Deniz Akvaryumu'nda yapılan çalışma, insanların balıkları izledikten sonra "daha olumlu" ve "gevşemiş" hissettiklerini ortaya koydu. Ayrıca sualtını izleyenlerin kan basınçlarında ve kalp atış hızlarında düşüş gözlendi.

Plymouth Üniversitesi'nden ve Exeter Tıp Fakültesi'nden bazı araştırmacılar, Plymouth'taki Ulusal Deniz Akvaryumu'nda bu çalışmayı gerçekleştirmek için bir araya geldiler.

Exeter Üniversitesi, akvaryumun, 550.000 litrelik su hazneli ana sergilerinden birini yeniledi. Akvaryuma yeni balık türleri aşamalı olarak ilave edildi.

Sonrasında katılımcılar, üç gruba ayrıldılar. İlk grup, içinde sadece deniz suyu ve yapay dekor olan akvaryumu izlediler. İkinci grup, içinde su canlılarının bazıları bulunan akvaryumu, üçüncü grup ise canlılar açısından hayli zengin olan akvaryumu izlediler.

Araştırmanın sonunda görüldü ki, sudaki canlı sayısı arttıkça katılımcılar akvaryumu daha uzun süre izlediler ve kalp atışlarında daha fazla düşüş saptandı. Kendilerini daha huzurlu hissettiklerini ifade ettiler.

"Bir yıl deniz görmesem bir hoş olurum. Hele bir de bahar gelmez mi, buram buram yosun kokuları tütmeye başlar burnumda."

– Orhan Veli Kanık

89. Yazarak iyileş

Amerika'da Teksas Üniversitesi profesörlerinden James W. Pennebaker tarafından keşfedilmiş bir tedavi yöntemidir yazı yazmak...
Yazı yazmanın, hem ruh hem de beden sağlığını olumlu yönde etkilediği, bilimsel çalışmalarla da ortaya konmuş.

Yaşanılan olumsuz olayları yazarak bu sorunlarla baş etmeyi ve bir anlam çıkarmayı sağlayan yazı yazma eylemi, kişilerin zihinlerini ve bağışıklık sistemlerini güçlendiriyor.

Birçok çalışma ile insanların sorunlarını ve duygularını yazarak ruhsal ve fiziksel rahatsızlıklardan arındığı biliniyor. Artriti olan hastalar, HIV/AIDS, kanser, astım ve kistik fibrozdan mustarip olanlar günün 15-20 dakikasını yazmaya ayırdıklarında büyük gelişmeler kaydediyor. Düşüncelerini daha iyi organize edebiliyor ve geçmişten daha kolay kurtuluyorlar. Hollanda'da depresyona girmiş hastalarda, kanserli hastalarda ve yaşlılarda bu tedavi ile ilgili araştırmalar yapılmış. Yazmanın ölümcül hastalıklarla savaşan kişilerde bile fiziksel ve ruhsal rahatlama sağladığı kanıtlanmış.

James Pannebaker tarafından gerçekleştirilen bu araştırma; düzenli olarak günlük tutmanın; T-lenfosit hücreleri adı verilen bağışıklık hücrelerini güçlendirdiğini kesin olarak kanıtlıyor. Pennebaker'a göre üzücü ve stresli olaylar hakkında yazmak insanın, bu olaylarla barışmasını sağlıyor. Dolayısıyla psikolojik iyileşmeler, fiziksel sağlığa da yansıyor.

90. Kitap en iyi dosttur

Kingston Üniversitesi, kitap okumanın insan beyni üzerindeki etkilerini araştıran bilimsel çalışma gerçekleştirdi. Çalışmaya 123 kişi katıldı ve görüldü ki kitap okuyan insanlar sosyal çevreye daha kolay uyum sağlayabiliyorlar. Bunun nedeni olarak da düzenli kitap okumanın okuyucunun empati duygusunu geliştirdiği gösteriliyor.

Araştırmacılar, kitap okumanın olaylara ve durumlara bambaşka açılardan bakma yetkinliği kazandırdığını, bu sayede başkalarını anlama becerisinin de geliştiğini söylüyorlar.

Ayrıca kitap okuyan katılımcıların televizyon izleyenlere oranla daha arkadaş canlısı olduğu saptanmış. Araştırmacıların, British Psychological Society Conference'ta yaptıkları açıklamada düzenli kitap okuyanlarda pozitif davranışlara daha sık rastlandığı gerçeğinin altı özellikle çizilmiş.

Zamanını kitap okuyarak geçirenlerin, televizyon karşısından ayrılmayanlara oranla ilişkilerinde daha başarılı oldukları ve empatik bir yaklaşım sergiledikleri görülmüş.

Sonuç olarak kitap okumayı televizyon seyretmeye tercih edenlerin, olumlu sosyal davranışlar sergilediği ve empati yeteneklerinin daha fazla geliştiğini söylemek mümkün.

"Kitap ruhun ilacıdır."

— Japon atasözü

91. Güvende hisseden başarır

Ottawa Üniversitesi Kriminoloji Departmanı'ndan Carolyn Côté-Lussier ve Concordia Perform Merkezi araştırmacısı Caroline Fitzpatrick'in yaptığı bir araştırmaya göre okullarda daha az güvende hisseden çocuklarda öğrenme potansiyelinde azalma ve duygusal problemler yaşanma durumu gözlemlenmiş. Araştırmacılar 1998 yılında başlayan Québec Longitudinal Study of Child Development-Québec Boylamsal Çocuk Gelişimi İncelemesi Merkezi'nin araştırması 2120 katılımcının 5 aylık verileri incelenerek başlamış. Bu kişilerin okulda kendilerini güvende hissetme seviyelerini araştırmışlar. Aynı zamanda katılımcıların depresif veya agresif davranışlarda bulunup bulunmadıkları da incelenmiş.

Sonunda görülmüş ki, güvenlik hissi okul içinde ve öğrenim sürecinde oldukça etkili...

Sainte-Anne's Üniversitesi'nde profesör olan Fitzpatrick tarafından gerçekleştirilen araştırmaya göre, kendini güvende hisseden öğrencilerde depresyon, mutsuzluk oldukça az. Ayrıca sosyal aktivitelere katılım açısından çok daha iyi durumdalar. Okuma ve matematik derslerinde entelektüel kapasitelerini çok daha verimli kullanabiliyorlar ve sınıf katılımları da yüksek...

Bunun üzerine çocukların kendilerini okulda neden daha az güvende hissettiği de incelenmiş ve düzensizlik içinde yaşayan öğrencilerin, yeşillikten uzak ve iyi korunmayan okullarda kendilerini iyi hissetmedikleri saptanmış.

92. Kalbini dinle

Tel Aviv Üniversitesi Psikolojik Bilim Bölümü'nden Prof. Marius Usher ve araştırmacıları karar verme mekanizmalarıyla ilgili ilginç ama bir o kadar da kuvvetli bir yöntem geliştirmişler.

Mesela iki konu arasında kalındığında hislerinin peşinden gidenlerin yüzde 90 oranında daha doğru yönlendirme yaptıklarını kanıtlamışlar.

Bir deney sırasında bir grup insan ekran karşısına oturtulmuş ve onlara hızlıca birtakım rakamlar gösterilmiş. Sayılardan en yüksek orana sahip olanını hızlıca seçmeleri istenmiş. Rakamlar analiz edilemeyecek kadar hızlı geçtiği için katılımcıların ezber yapmaları ve matematiksel hesaplara kalkışmaları mümkün değil...

Bu yüzden bazıları hisleriyle cevap vermek zorunda kalmış ve hesap yapanlardan daha yüksek başarı göstermişler.

İkinci aşamada katılımcılara 6 soru veriliyor ve zaman tanınıyor. Bu şartlarda elde edilen başarı oranı yüzde 65. Aynı sürede 24 soruya cevap vermeleri istenince işler değişiyor. Zaman kısıtlı olduğu için hislerine göre cevaplar vermeye başlıyorlar ve elde edilen başarı oranı yüzde 90.

Karar vermek insan deneyiminde en zor işlerden biri. Üstelik karar vermeden önce çok yönlü düşünmeye teşvik ediliyoruz. Ancak karar verme süreçlerinde hislerin sesini de ıskalamamak lazım. Bir seçim yaparken, bu kez kalbinin sesini de işitmeye çalış...

93. Görsel günlük

Günlük tutmak pek çok sanatçının tarihler boyunca vazgeçemediği bir alışkanlıktır. Ama bir de çizimlerle günlük tutmak var ki, işte o bambaşka... Günümüzdeki adı, görsel günlük...
Carl Gustav Jung'un 2009 yılında yayımlanan *Kırmızı Kitap*'ı bunun en yalın örneklerinden biri.

Yapılan pek çok bilimsel araştırmanın ardından artık günlük tutma alışkanlığı bir terapi tekniği olarak kabul görüyor. Hatta günümüzde en etkili 10 sanat terapi yönteminden biri...

Günlük tutma alışkanlığı stresi azaltır, özdengeyi ve özdenetimi artırır. İhmal edilmiş ve şiddet görmüş çocuklar açısından hayli ilerletici bir teknik... Ayrıca çocukların ve yetişkinlerin görsel günlük tutması mental olarak sakinleşmeyi ve farkındalığı destekleyen bir aktivite.

Görsel günlük, özellikle şiddete maruz kalmış insanlarda ve çeşitli travmalar yaşayanlarda "söylemeden konuşma" olarak adlandırılabilecek bir yöntem olarak insanın yaşadıklarını içinden çıkarması yolunda çok destekleyici bir teknik sayılıyor.

Sana ilham veren bir şeyi, aklına gelen bir düşünceyi, o gün ilgini çeken bir objeyi görsel günlüğüne çizebilirsin.

Araştırmalar gösteriyor ki, görsel günlük tutmak travmatik anların ve hastalıkların etkisini, yazılı günlüklerden çok daha etkili şekilde iyileştiriyor. Hatta bağışıklık sisteminin iyileşmesi ve doktor ziyaretlerinin azalması bile söz konusu.

94. Hasta doktor el ele

Doktorların tedavi sürecindeki etkili iletişimi; yaşa bağlı sarı nokta hastalığı (makula dejenerasyonu: ileri yaştaki kişilerde görülen bir retina hastalığıdır) hastalarının kaygısını azaltabilir.

Modern tedaviler, hastaların görme düzeyini önemli ölçüde geliştirmiştir. Bununla birlikte, Manchester Royal Göz Hastanesi'nde gerçekleştirilen ve *American Journal of Ophthalmology*'de yayımlanan yeni bir çalışma, görme sonuçlarının iyileşmesine rağmen, tedavi gören hastalarda devam eden anksiyete ve depresyon düzeylerinin yüksek olduğunu ortaya koymuş. Hastaların duyduğu endişenin ana sebebi görme kaybı korkusu... Tabii ki tedavinin etkisini de sıkça sorguluyorlar.

Konuyla ilgili yapılan bir çalışmada, 300 sarı nokta hastalığı taşıyan kişi ve 100 doktorun tedavi süreci, depresyon ve anksiyete seviyeleri, posttravmatik stres bozukluğu ve doktorun tutumunu inceleyen kapsamlı değerlendirmeler yapıldı.

Peki sonuç ne oldu?

Görüldü ki medikal tedavinin yanı sıra, doktor ve hasta arasındaki etkileşim de çok önemli...

Hastaların rahatlığı ve sağlık uzmanlarıyla kurdukları güçlü ilişkiler, yaşanan kaygıları da hafifletiyor. Ayrıca hastaya nasıl yardımcı olunabileceğinin de anlaşılmasına yardımcı oldu.

Kısacası tedavi sadece ilaçlardan ibaret değil. Süreç içinde hastanın kaygı düzeyini ve depresyon seviyesini de azaltabilmesi çok değerli.

95. Alzheimer unutabilir sen unutma

Alzheimer hastalarının yaşam koşullarının iyileştirilmesi, ilaçlara duyulan ihtiyacı azaltabilir.

Son istatistiklere göre, yüksek gelirli ülkelerde yalnız yaşayan yaşlı insanların sayısı, özellikle de kadınlar düzeyinde giderek artıyor. İsveç'te Alzheimer hastalığı teşhisi konulan hastaların yüzde 46'sının evlerinde yalnız yaşadıkları ve çoğunun da kadın olduğu görüldü. Alzheimer hastalarının yakın akrabalarının olmaması hastalığın seyrini zorlaştırabiliyor maalesef.

İsveç'teki Karolinska Enstitüsü ve Karolinska Üniversitesi Hastanesi araştırmacıları, demanstan etkilenen hastalarla ilgili, Swedish Dementia Registry'ye (İsveç Demans Kayıtları) kayıtlı 26 bin Alzheimer hastası üzerinde ülke çapında bir araştırma yaptı.

Sonuçlara göre, Alzheimer hastalığı tek başına başa çıkılabilecek bir hastalık değil...

Hastayla yaşayan ve onunla ilgilenen bir kişinin varlığı, hekimlerin teşhis stratejisi ve terapisine nasıl karar verdiğini etkiliyor. Yalnız yaşayan hastalara antidepresan, antipsikotik ve hipnotik yatıştırıcılar daha fazla veriliyor.

Çalışma, tek başına yaşayan hastaların, biriyle yaşayanlara kıyasla, daha az kapsamlı bir bakım görme riski altında olduğunu gösterdi.

İşte tam da bu yüzden Alzheimer hastalarının yaşam koşullarının iyileştirilmesinin ilaçlara duyulan ihtiyacı azaltabileceği düşünülüyor.

Demek ki öncelikle yalnız yaşamanın zorluklarının üstesinden gelmek gerekiyor.

96. Suyun gücü

Japon araştırmacı Masaru Emoto, insan bedeninin ve üzerinde yaşamakta olduğumuz yerkürenin yüzde 70'ten fazlasının su olduğundan yola çıkarak, suyun moleküler yapısının insanların konuşmalarından, fikirlerinden, düşüncelerinden, hatta dinlediği müzikten bile etkilendiğini ortaya koydu.

Terapinin suyun yapısını nasıl etkilediğini görmek isteyen Emoto, popüler müzik çalan iki hoparlörün arasına bir kap damıtılmış su koydu ve yaklaşık üç saat boyunca bekletti. Su donduktan sonra üzerinde oluşan kristal formlarını izleyerek fotoğrafladı.

Dr. Emoto farklı su kaynaklarından yararlanarak, farklı koşullarda bekletilen su örnekleri üzerinde pek çok inceleme yaptı.

Doğal kaynaklardan ve akarsulardan alınan sular şahane geometrik formları olan kristal motifleri oluştururken, yerleşim yerlerinden ve sanayi bölgelerinden alınan sularda meydana gelen motiflerde ise şekilsel bozukluklar görüldü.

Bu çalışmanın ardından düşüncelerin ve sözcüklerin suyun yapısına olan etkilerini incelemeye başlayan Emoto, farklı sözcük gruplarını, cam şişelerdeki sulara kasetten dinletti ve su kristallerinin oluşturduğu şekilleri inceledi.

Sevgi sözcükleri dinleyen su kristallerinin simetrik ve düzgün olduğunu, kötü sözcükler dinleyen kristallerinse deforme ve asimetrik görüntü verdiğini saptadı.

İnsan bedeninin yüzde 70'inden fazlasının su olduğunu düşünürsek, Emoto'nun su kristalleriyle yaptığı çalışmanın ne kadar değerli olduğunu kavramak mümkün olur.

97. Yaşamın sihri vagus siniri

Vagus siniri, vücudumuzda yer alan 10. kranial (kafa) siniridir. 12 kafa sinirinin en uzunudur. Parasempatik sinir sisteminin de en önemli elemanıdır.

Kafatasından çıkıp, dil kökü, farinks (yutak), larinks (gırtlak), trakea, özefagus (yemek borusu), kalp ve akciğer, mide, karaciğer ve bağırsaklara doğru yayılır.

Birçok sindirim problemi, tansiyon, depresyon gibi hastalıklar parasempatik sinir sistemiyle, ayrıca vagus siniriyle ilgilidir.

Bir araştırmaya göre bağırsaktaki mikroorganizmaların bu siniri uyardığı ve beyin-davranış ilişkisi üzerinde etkili olduğu görülmüş. Buna bağlı olarak bağırsak sağlığını pozitif yönde destekleyen bir beslenme düzeninin sadece sindirim sistemini etkilemediği, bunun yanı sıra davranış bozukluklarını da iyileştirdiği saptanmış. Vagus sinirinin hayatımızda yadsınamaz bir önemi var.

O halde vagus sinirini uyarmak için ne yapmak gerekir?

Nefes egzersizleri: Parasempatik sistemi aktive eden sufi nefesi tekniği, sakinlik, duygusal rahatlama ve bütünsel iyileşme sağlıyor.

Şarkı söylemek: Şarkı söylemek, akciğerlerin üstündeki ve boğazın arkasındaki kasları çalıştırarak vagus sinirini uyarır.

Kahkaha atmak: Kahkaha atmak kasları çalıştırırken, pozitif ruh hali vermesi nedeniyle de vagus sinirini uyarıyor.

Masaj: Ayak ve bedendeki çeşitli noktaları uyaran masaj teknikleri, vagus sinirini de uyarıyor.

98. Yardımseverlik kalbe iyi gelir

University of British Columbia'da bir doktor adayı olan Ashley Whillans, iyiliğin insan sağlığı üzerindeki etkilerini inceleyen bir araştırma yaptı ve gördü ki, iyilik ve yardımlaşma, kalp-damar sağlığını olumlu yönde etkiliyor.

Yardım etmeyi özgürce seçmiş olmak, alınan olumlu sonucun kalitesini tabii ki daha da yükseltiyor. Baskı altında yardım etmenin psikolojik faydalarını görmek çok da mümkün olmayabiliyor. Whillans ve ekibi, zorunlu hissetmenin, kardiyovasküler sağlığa yarardan çok zarar getireceğini söylüyor.

Health Psychology dergisinde yayımlanan bir makaleye göre başkalarına yardım etmek için para harcamak zihin ve beden sağlığına iyi geliyor.

Araştırmacılar, iyilik amacıyla harcama yapmanın yani prososyal harcamaların, kardiyovasküler bir sağlık belirtisi olan tansiyonla ilişkisini incelediler.

Yüksek tansiyon teşhisi konmuş 186 yetişkinden yardım amaçlı para harcamaları ve başkalarına iyilik yapmaları istendi. Katılımcılar, iki yıl boyunca takip edildiler.

Peki iki yılın sonunda ne oldu?

İyilik amacıyla para harcayanların tansiyonu normal seviyeye indi.

Kısacası başkalarına yardım etmek, sadece mutlu hissettirmez, iyileştirir de.

99. Sarıl kalbine

İnsanlar sosyal varlıklar oldukları halde, giderek fiziksel temastan, sarılmaktan ve tokalaşmaktan çekinmeye başladılar.

Bazı kültürlerde fiziksel temas olağan görülürken, bazı kültürlerde kişisel alana büyük önem veriliyor. El sıkışmayı sıcakkanlı bir davranış olarak kabul edenlerin çoğu, dikkat ettiysen biriyle selamlaşırken çok zaman havayı öpmeyi tercih ediyor.

Ne tuhaf değil mi?

Kendimizi yalnız hissettiğimiz zamanlarda, bağlılık hissini yakalamak için fiziksel temasa ihtiyacımız var. Buna rağmen dokunmaktan kaçınanlar çok... Bunun yerine duygusal boşluklara karşılık kontrolsüzce yemek, abur cubur tüketmek ve televizyon izlemek tercih ediliyor.

Kuzey Carolina Üniversitesi'nde yapılan bir araştırmada, stres halinde salgılanan kortizol hormonunun minimum 20 saniye süren bir sarılmadan sonra azaldığı saptanmış. Özellikle de kadınlarda!

Sarılmak oksitosin hormonu üretmeyi sağlıyor. Böylece sevgi ve önemseme duygularını harekete geçiriyor. Kan basıncını düşürüyor. Kan alınan bebeklere sarılmak, sakinleşmelerine yardımcı oluyor, daha az ağlıyorlar.

Sarılmak, kalp krizi dahil birçok hastalıkla bağlantılı olan kan basıncına iyi geliyor. Dolayısıyla sarılmak aslında sağlıklı bir davranış şekli sayılabilir.

Psikolog Virginia Satir "Yaşamaya devam etmek için günde 4 kucaklaşmaya ve büyüyüp gelişebilmek için 12 kucaklaşmaya ihtiyacımız var" diyor.

100. Domino etkisi

İyilik, domino etkisine sahiptir. Zengin Napolililer kendilerine kahve alırken, satın alma gücü olmayanlar için de kahve alıp ikram ederlermiş biliyor musun?

ABD başkanlarından Benjamin Franklin, iyilikte domino etkisini savunanlardan biri...

Hikâyesi de çok etkileyici...

Benjamin Franklin bir gün arkadaşına borç para vermiş ve ona bir de not yazmış. Bu notta parayı geri istemediğini, bir gün zor durumda kalmış birine rastladığında, ona yardım etmesi şartıyla borcunu ödenmiş sayacağını belirtmiş.

Yakın tarihte İngiltere'de 12 yaşındaki bir çocuk, trende bir cep telefonu buldu. Telefon sahibi, eşyası bulunduğu için çok mutlu olmuş ve çocuğa teşekkür etmek için ödül parası teklif etmiş. Çocuk, bulduğu telefonu sahibine gönderirken ona şu notu yazmış:

"Bir gün sizin de bir başkası için iyilik yapmanız yeterli, para vermenize gerek yok..."

İngiltere'de Lancashire Üniversitesi'nden psikolog Dr. Sandi Mann, yaptığı terapilerde özellikle depresyon hastalarına iyilikte bulunmalarını tavsiye ediyor. Dr. Mann, depresyon hastalarının hayatı anlamsız bulduklarını ve kendilerini değersiz gördüklerini belirtiyor ve iyilik yaparak yararlı bir işe imza attıklarında hayatı anlamlandıracaklarını, aslında ne kadar değerli olduklarıyla yüzleşeceklerini hatırlatıyor.

Başkalarını mutlu edebildiğini görmek, bir domino etkisi yaratır ve iyilik giderek yayılır.

101. Biraz kurtlarımızı dökelim

Eski kültürlerden bu yana dans, iyileştirici ve bütünleştirici bir sanat olarak kullanılır. Dans ve Hareket Terapisi, dans ve psikolojik tedavi yöntemlerini birlikte kullanan, Avrupa ve Amerika'da geliştirilmiş bir terapi tekniğidir. Bu yöntemi profesyonel olarak gerçekleştiren kurumları bir arada toplayan birlikler de var.

Dans ve Hareket Terapisi, hareketlerin, düşünceleri ve duyguları yansıttığı temeline dayanır. Dans terapisti kişinin hareketlerini algılayıp, farkındalığını artırarak yeni hareketler keşfetmesine ve böylelikle sözel ve duygusal iletişiminde yeni sistemler geliştirmesine yardımcı olur. Dans Terapisi bireysel ya da grup seansları şeklinde lisanslı terapistler tarafından uygulanabiliyor. Duygusal sorunlar, öğrenme bozuklukları, fiziksel ya da zihinsel engeli olan yaş grupları için de oldukça verimli ve olumlu bir yöntem...

Dans ve Hareket Terapisinin Yararları:

1. Farkındalık ve özgüven kazandırıyor.
2. Hareketler ile duygu ve düşünceler arasında bağ kurmayı sağlıyor.
3. Beklenmedik değişikliklere karşın adaptasyon geliştirmeyi destekliyor.
4. Baskın duygu ve düşünceleri ifade edebilmeyi kolaylaştırıyor.
5. Yeni iletişim modelleri geliştirmeye olanak tanıyor.

Eski kültürlerden beri var olan dans, terapi yöntemi olarak kullanıldığında kişilerin ruhsal, duygusal ve fiziksel durumlarına destek kaynağı oluyor.

102. En iyi dost: Hayvanlar

Kanada'daki Alberta Üniversitesi'nde yapılan bir çalışma, bebeklik döneminden itibaren evcil hayvanlarla yaşamanın, çocukların hayatlarının ileri dönemlerinde alerji ve obez olma tehlikesini azaltmaya yardımcı olabileceğini ortaya koydu.

Kanada, Amerika ve İngiltere'de yapılan başka çalışmalarda ise, otizmli çocukların sosyal gelişimi için evcil hayvanların faydalı olduğu, çocuktaki kaygı ve stresi azalttığı belirlendi. Üstelik hayvanların çok zaman, kardeşten bile daha iyi arkadaşlık sağladıkları görülmüş.

Bazı hayvanlar psikolojik terapilerde de kullanılıyor. Amerika'da yavru köpeklerle yapılan terapilerde, hem çocuk köpekle hem de köpek çocukla oynuyor.

Ayrıca, hayvan sahibi olmanın fiziksel bir yararı da var. Çocuklar hayvanları taklit etmeyi çok severler ve bunu yaparken doğal olarak atlayıp zıplarlar. Bu büyük ve küçük kas gelişimine yardımcı olur.

Hayvan sevgisi arkadaş edinemeyen, içine kapanık çocuklar için de faydalıdır. Çünkü etrafındaki yetişkinlere ve arkadaşlarına tepkili olan çocuk, evcil hayvanı ayrı tutarak onunla konuşur ve dış dünya ile bağlarını koparmaz.

Hayvanlar çocukların duygusal, sosyal, fiziksel, zihinsel gelişimine katkıda bulunur.

103. Yaşamın anahtarı: Nefes

Stanford Üniversitesi Tıp Fakültesi'nde yapılan araştırmada, nefes almanın beyin ve ruh haliyle olan direkt ilişkisi ortaya konmuş.

Araştırma ekibinde yer alan biyokimya profesörü Mark Krasnow, yavaşça nefes alıp vermenin tamamlayıcı tıp dünyası üzerinde mucizevi etkiler sağladığını söylüyor.

Araştırma, beyinde nefes alıp verme ritmini ayarlayan ve yaklaşık 3000 adet sinir bulunduran preBötzinger complex bölgesiyle ilgileniyordu. Krasnow'un öğrencilerinden Kevin Yackle, belli bölgelerdeki sinirleri devre dışı bırakıp aktive ederek, fare deneklerin nefes ve davranışlarını değiştirebildiklerini gördü. Konunun derinine indiğinde 175 adet nöronun beynin uyarılma bölgesine uzandığını saptadı. Bu bölge beynin geri kalan kısmına uyanmasını veya sakinleşmesini ileten locus coeruleus adlı bölge olarak biliniyor.

Krasnow, nefesin beyin fonksiyonlarını direkt olarak etkilediğini öğrendiklerini ve nefesi kontrol etmenin beynin geri kalanını nasıl değiştirebileceğini gördüklerini belirtti. Günlük yaşantımıza katkılarının yanı sıra, bu çalışmanın gelecekte uyku apnesi ve ani bebek ölümü sendromunun önüne geçmek konusunda destekleyici olacağı düşünülüyor.

Araştırma sonuçları, nefesin güçlü etkilerine inanan kişileri haklı çıkarıp, nefesimizi kontrol ettiğimizde ruhsal durumumuzu da değiştirebileceğimizi gösteren sağlam bir kanıt niteliğindedir.

Uyanmak için nefesini hızlandır, sakinleşmek içinse yavaşlat ve derin nefesler al.

104. Dijital oyunlar her zaman kötü değil

Serebral palsinin (SP) tedavisinde standart klinik yöntemlerin yanı sıra alternatif terapi yöntemleri de her gün yeni sonuçlarla karşımıza çıkıyor.

Madrid Teknik Üniversitesi ve Rey Juan Carlos Üniversitesi'ndeki araştırmacıların geliştirdiği SONRÍE sistemi yeni tekniklerden biri...

Bu sistem SP'li çocuklar için tasarlanmış 4 oyundan oluşuyor. 360 derece sensörlerin kullanıldığı oyunda, kumanda yerine mimik, sesli komut, vücut ve yüz noktalarını tanıyan bir sistem geliştirilmiş. Kullanılan 4 tip mimik (kaşları kaldırma, öpücük, gülümseme ve ıslık çalma) tekrarlandığında yeni bilgi öğrenme ve beyin aktivitesi için yeni kalıplar sağlıyor.

Bir diğer çalışma da Hacettepe Üniversitesi'nde geliştirilen sanal gerçeklik oyunlarıyla ilgili... Yaşları 7-14 arasında değişen hemiparetik serebral palsili (çocuğun bedeninin tek tarafını etkileyen SP) 30 çocukla birlikte yapılan çalışmada, grubun yarısı aldıkları diğer klinik tedavilere ek olarak sanal gerçeklik oyunları ile de terapi görmüş. 9 haftanın sonunda, çocukların gözleri kapalı duruş süreleri, sıçrama sayıları ve denge ölçü skorları tedavi sonrası olumlu anlamda farklılık göstermiş.

Dijital oyunların serebral palsili çocukların fiziksel ve zihinsel gelişimlerine katkı sağladığı görülüyor. Bazı tedaviler teknolojiyle birleştirildiğinde ortaya şaşılacak sonuçlar çıkabiliyor.

105. Şifa orucu

Dr. Otto Buchinger 1922'de yakalandığı bademcik iltihabından kurtulamadı. Yaşadığı dönemde antibiyotik olmadığı için Buchinger'in bademcik iltihabı, iltihaplı romatizmaya dönüştü.

Dr. Buchinger'ın kendisi gibi doktor olan yakın arkadaşı Dr. Riedlin; oruç tutarak bu hastalıktan kurtulabileceğini önerdi. Saygı duyduğu arkadaşının tavsiyesine uyan Dr. Buchinger, 23 günün sonunda sıkıntılarından kurtulunca kendisi de bu yöntem üzerinde çalışmalar yapmaya başladı.

Minimum 7 gün boyunca yapılacak bir şifa orucunda; günde ortalama 3-4 litre su ve bitki çayı içilmeli ve vücudun içeriden beslenme moduna geçmesi için günde maksimum 250 kaloriyi geçmeyecek şekilde meyve ve sebze suyu tüketilmeli. Ayrıca beden, zihin ve ruh bütünlüğü için şifa orucu sırasında; yoga, meditasyon ve yürüyüş de yapılabilir. Yapılan araştırmalarda şifa orucu sayesinde bedendeki stres hormonlarının seviyesinin düştüğü görülmüştür.

Nörobiyolog Prof. Dr. Gerald Huether diyet yapan insanlarda yüksek seviyede stres hormonuyla karşılaşırken, şifa orucu yapanlarda stres hormonunda azalma tespit etmiştir. Şifa orucu yapan insanlarda ilk 2 gün stres hormonunda yükselme olmasına rağmen, 2. günden sonra beden içten beslenmeye geçtiğinden stres hormonlarında azalma, mutluluk hormonunda artma gerçekleşiyor.

106. Bebekler dokunarak gelişir

Bebeklerde ten tene temas, dokunma, kucaklanmayla gelişimleri arasındaki ilişkiyi inceleyen çok sayıda araştırma yapılmıştır. Bebekler doğdukları andan itibaren dokunulmak ve kucaklanmak isterler. Doğum anında bebeğin en önemli ihtiyacı ten tene temastır. Ten teması, bebeğin duygusal, fiziksel ve psikolojik gelişimi açısından çok önemlidir.

Yapılan çalışmada doğumdan hemen sonra annelerinden ayrılan bebeklerin, annelerinin kucağında kalan bebeklere göre 10 kat fazla ağladığı görülmüştür. Dokunmak, bebeklerde ve çocuklarda sağlıklı beyin gelişimi için de çok değerli.

Başka bir çalışmada, yeni doğan bebeklere elektrotlar bağlanmıştır ve onlara dokunulduğu anlardaki beyin aktiviteleri kaydedilmiştir. Her dokunulduklarında beyinlerinde farklı bir bölümün aktive olduğu görülmüştür. Ebeveynler bebeklerini kucakladıkları, onlara dokundukları zaman bebekler çeşitli tepkiler verirler. Anneleriyle aralarında duygusal bağ kurulur. Bu güvenli ve duygusal bağlanma bebeğin beynindeki limbik sistemi (insanın duygularını kontrol eden en önemli parçadır) harekete geçirerek beyin gelişimini destekler. Ayrıca kucaklanan bebekler kolayca sakinleşirler, daha az ağlarlar ve daha iyi uyurlar.

107. Depresyonu yenmek için sanat

Göteborg Üniversitesi Sağlık ve Bakım Bilimleri Enstitüsü'nden, sanat terapisti Christina Blomdahl, yaptığı çalışmada kendi geliştirdiği sanat terapisinin depresyon tedavisi üzerindeki etkisini araştırdı.

Çalışma için hafif ve şiddetli depresyonu olan katılımcıları seçti. 43 kişinin katıldığı sanat terapisinde, kontrol grubundaki aynı sağlık durumuna sahip 36 kişiye ilaç tedavisi, bilişsel-davranışçı terapi, psikodinamik terapi ve fiziksel terapinin değişik kombinasyonları uygulandı.

Kişisel sanat terapisinde her seans, kısa bilgilendirme ve rahatlama egzersizleriyle başladı. Sonrasında pastel boya ve suluboya kullanılarak günün teması uygulandı.

Bir saat süren 10 seanslık tedaviden sonra katılımcılarda, depresyonu ölçmek için kullanılan derecelendirmeye göre ortalama 5 aşama gelişme kaydedildi. Katılımcıların günlük hayatlarında da değişimler oldu. Hatta bazıları iş hayatlarına geri dönebildiler. Diğer gruptaki katılımcılarda ise aynı süre sonunda belirli bir değişim gözlenmedi.

Sanat terapisinde insanlar kendileriyle yeniden tanıştıklarını hissederler, kendileriyle ilgili yeni keşifler yaparlar. Yaptıkları resimler kendi içdünyalarına ayna tutar.

Çalışma sonucunda sanat terapisinin diğer tedavi yöntemlerine kıyasla daha etkili bir tedavi yöntemi olduğu ortaya çıktı.

108. Ağrıda kapı kontrol teorisi

Ronald Melzack ve Patrick D. Wall'un 1965'te yaptığı araştırmada, ağrısı olan birinin acıyan yerine ufak dokunuşlarla masaj yapmanın, okşamanın ve sevmenin fizyolojik etkileri incelenmiş. Sonuçlar hayli şaşırtıcı...

Bedende iki tip sinir vardır; ince sinirler ve kalın sinirler. İnce sinirler ağrının beyne iletimini sağlarken, kalın sinirler ise dokunma duyusunun beyne iletimini sağlarlar. Kalın sinirlerin, ince sinirlere göre iki kat daha yüksek hızda iletim kapasitesi vardır. Bu sinirler vücudumuzun her noktasında bulunmaktadır ve bütün dokunma ve acı duyularımız bu sinirler vasıtası ile hissedilir.

Ağrıda kapı kontrol teorisinin ortaya çıkışı ise sinirlerin omurilik ile beyin arasındaki iletim sisteminin çalışma prensibinden gelmektedir. Sinir sinyallerinin beyne iletiminde bir öncelik sistemi vardır. Sinirlerin omurgaya girdikleri bölgeler kapı görevi görür ve bu kapılara hangi sinir sinyali daha hızlı ulaşır ise, bu sinyalin beyne iletimi, öncelikli olarak gerçekleşir.

Dolayısıyla bedende ağrı olduğu zaman, eşzamanlı olarak dokunma ve okşama olduğunda öncelikli olarak bu duyular hissedilir ve ağrı beyne geç ulaştığı için daha az hissedilir. Bir annenin çocuğunun canı yandığı zaman, "Anne öpsün geçer" diyerek çocuğunu rahatlatmak istemesi de bu teorinin günlük yaşantımızdaki uygulamalarından en sık karşılaştığımız örneğidir.

Kısacası dokunmak ve sevmek, bir kişinin ağrısını veya acısını hafifletmede kullanılabilecek en kolay yöntemlerden biridir.

109. Gözlerimin içine bak

Alaska Üniversitesi Psikoloji Profesörü Chris Kleinke'ın yürüttüğü çalışmada, bir kişinin gözlerinin içine bakmanın etkileri araştırıldı. Ayrıca gözlerin içine bakmakla oluşan tepkiler de özetlendi. Göz kontağıyla, kişisel ve çevresel değişkenler arasındaki etkileşim de ölçüldü.

Peki ne sonuç elde edildi?

Göz kontağı kurmanın birçok olumlu yanı var. Sözsüz iletişim incelendiğinde göz kontağı kuran ve bunu devam ettiren kişilerin birbirleri ile daha güçlü bir güven bağı kurdukları görülmüş. Böylece bakışanların birbirine olan inancı da artar, göz kontağı kurmayan insanlara göre daha çabuk uzlaşabilirler ve iyi anlaşırlar.

Samimiyet ve sevgi de, göz kontağının sağladığı olumlu sonuçlardandır. İletişim sırasında birinin gözlerinin içine bakmak, ona duyulan sevginin de kolayca kendisine geçmesini destekler. Çünkü gözler ruhun penceresi, kalbin de aynasıdır.

Kişiler arası iletişimsizlik ve anlaşmazlık problemleriyle sıkça karşılaşırız. Genelde bu problemlerin altında yatan güven bağını oluşturmak oldukça zor. Göz teması kurmamak, gözleri kaçırmak, güven duygusunu yok ediyor.

İletişim kurmak istediğin insanın gözlerinin içine bak. Böylece aranızdaki güven bağı kuvvetlenecektir. İlgini ve sevgini gözlerine bakarak ifade ettiğinde, karşındakiyle kuracağın bağ daha sıcak ve verimli olacaktır.

110. İletişim uyum sağlar

Nörobilimci Uri Hasson beynimizin kişiler arası iletişim esnasında nasıl işlediğini merak etmiş ve Princeton Üniversitesi'ndeki ekibiyle beraber bir insanın kendi hikâye, anı ve fikirleriyle bağlantılı sinirsel kalıplarının, başka bir insanın beynine nasıl aktarıldığını araştırmış.

Yapılan çalışmada, sözlü iletişim kuran bireylerin, hem dinleyici hem de anlatıcı olarak etkin oldukları sırada beyinlerinde gerçekleşen sinirsel aktiviteler Fonksiyonel Manyetik Rezonans Görüntüleme (fMRI) ile incelenmiş. Önce katılımcıların henüz birbiriyle iletişim halinde değilken, aynı ortamda bekledikleri sırada beyinlerinde meydana gelen dalgalanmaların birbiriyle bağlantısız ve düzensiz olduğu görülmüş. Ancak grup içerisinden seçilen anlatıcı, dinleyicilerle etkili iletişim kurarak gerçek bir hikâye anlatmaya başladığı zaman, hem anlatıcının hem de dinleyicilerin beyin dalgalanmaları birbirine benzemeye başlamış, yani benzer sinirsel tepkiler ortaya çıkmış.

Kısacası beyin dalgalanmalarına sahipsek, birbirimizi anlıyoruz demektir.

Benzer beyin dalgalanmaları oluşturmak için etkili iletişim kurulması gerekir. Farklı düşüncelerdeki insanlara kendi düşüncelerimizi aktarmak her zaman çok kolay olmayabilir ama etkili iletişimle, farklı düşüncedeki insanlar birbirlerini, sürtüşme yaşamadan anlayabilirler.

111. Çocukların doğası

Doğada vakit geçiren çocuklar, evlerinde de okullarında da daha mutlu... Konuyla ilgili yapılan bilimsel araştırmalarda, doğanın çocuk gelişimine katkıları üzerinde durulmuş.

Örneğin çocukların yeşil alanlarda daha yaratıcı oyun biçimleri buldukları görülmüş. Doğada oyun oynamak, çocukların yaratıcılık, problem çözme ve entelektüel gelişim kapasitelerinin geliştirilmesi açısından çok önemli. Ayrıca doğaya temas eden çocukların birbirleriyle olan işbirliği de daha kuvvetli.

Açık havada eğitim veren ve doğada deneyimsel aktiviteler yapan okullardaki öğrencilerin sosyal bilgiler, bilim, dil sanatları ve matematik konularındaki performansları giderek yükseliyor. Doğayla iç içe olan çocuklar, fiziksel olarak da daha aktifler. Fiziksel aktivite beyin gelişimleri açısından çok değerli bir faktör... Ayrıca bağışıklık sistemleri de doğaya çıkmayan çocuklardan daha güçlü. Bağırsakları daha sağlıklı çalışıyor. Beslenme konusunda da diğerlerinden daha bilinçliler. Üstelik görme yetenekleri de daha iyi...

Doğada geçirilen daha fazla zaman, çocuklarda ve ergenlerde miyopluk (uzağı bulanık görme) oranlarının azalmasını da sağlıyor.

Doğada daha fazla zaman geçirmek çocuklardaki öz disiplini ve iç huzuru da güçlendiriyor. Doğayla temas, dikkat eksikliği bozukluğu semptomlarını önemli ölçüde azaltıyor.

112. Paylaşmak iyileştirir

Claremont Üniversitesi Politika ve Ekonomi Bölümü, Ekonomi, Psikoloji ve İşletme Bilimleri Profesörü olan Paul J. Zak, yardımlaşmaya ve güven duymaya dönük nörolojik mekanizmaları keşfetti.

Zak, nörobilimle ekonomiyi entegre ederek "nöroekonomi" adlı yeni sistemi oluşturan ilk bilim insanlarından...

Araştırmalarıyla, güvenilirlik, cömertlik ve fedakârlık gibi erdemli davranışları destekleyen beyin işlevlerini ve bu işlevlerin eksikliğinin, kötülük, ahlaksızlık ve çatışmaya yol açtığını tespit etmiştir.

Profesör Zak'ın çalışması, kişiler arası güven, ekonomik büyüme, oksitosin, empati ve erdemli davranışlara yönelik anlayış üzerinde azımsanamayacak ölçüde etkili olmuştur.

2012 yılında Dutton Yayınevi tarafından yayımlanan *Maneviyat Molekülü: Sevginin ve Refahın Kaynağı* adlı kitabı da empati, mutluluk ve tanımadığınız kişilere iyilik yapmak gibi niteliklere dönük yaklaşımı bakımından hayli ilgi çekmiştir.

İşte Prof. Paul Zak'ın altını çizdiği bazı konular:

Paylaşmak beyindeki oksitosin hormonunun salınımını artırır.

Paylaşmak, oksitosin sayesinde kişiye kendini iyi hissettirir.

Kaybettiklerine değil, elindekilere odaklanmanı sağlar.

Paylaşmak, kendini ifade etmektir.

Şükran duygusuyla dolmana yol açar.

Güven duygusunu artırır.

Paylaşabildiğin sürece yalnız değilsindir.

113. Ebeveynler doğmamış çocuklarının hayatını nasıl şekillendirir?

Dr. Thomas Verny ve John Kelly'nin *Doğmamış Çocuğun Gizli Yaşamı* kitabında, anne karnındaki bebeğe dair çok önemli bilgiler aktarılıyor.

Kitapta bahsedilen bir araştırmada gebe çiftlerle bireysel seanslar yapılmış ve o anki psikolojileri ve doğmamış bebeklerine karşı davranışları incelenmiş. Bu bebeklerin yıllar sonra yaşadığı sorunlar da araştırmaya dahil edilmiş. Aynı zamanda ebeveynlerin birbiriyle olan diyalogları sırasında bebekler ultrasonda izlenmiş.

Bir gebe çiftte baba her akşam annenin karnına "Biz birbirine bağlı bir aileyiz ve hiç ayrılmayacağız" diyor. Baba 2 hafta iş seyahatine gittiğinde bebek 2 hafta boyunca her akşam anneyi rahatsız edecek tekmeler atıyor. Baba eve geri döndüğünde ve akşamları onunla konuştuğunda bebek tekrar sakinleşiyor. Bu bebeğin üniversite çağına geldiğinde ailesinin yanından ayrılırken problem yaşadığı gözlenmiş.

Doğmamış bebeğin fiziksel ve duygusal sağlığı ebeveynlerin çevresi ve duygusal sağlığıyla şekillenir. Dolayısıyla ebeveynlerin kendi duygu durumlarını anlamaları çok önemlidir. Ebeveynler hamilelik sürecinde yaptıkları seçim ve düşüncelerle, bebeklerinin hayata mutlu, güvenli, güçlü ve sağlıklı bir başlangıç yapmalarını sağlayabilirler.

114. Olumsuz düşünceler hızlı yaşlanmanın sebebi

Nobel ödüllü moleküler biyoloji uzmanı Dr. Elizabeth Blackburn ve sağlık psikoloğu Dr. Elissa Epel'in *Telomer Etkisi* kitabında, telomer uzunluğu ve sağlık arasındaki zihin-beden ilişkisinden bahsediliyor.

Tüm hücrelerimizin genetiğinde telomerler bulunur ve bu telomerler her bir DNA sarmalının ucunda bulunan, kromozomları koruyan parçalardır. Her hücre bölünmesiyle kısalırlar. Çok kısa olduklarında hücre bölünmeyi tamamen bırakır. Bu nedenle telomerlerin kısalması insan hücrelerinin yaşlanmasının en önemli nedenlerinden biridir.

Yapılan kapsamlı çalışmalarda telomerlerin uzayabildiği saptanmış. Yani yaşlanma, hızlandırılabilen veya yavaşlatılabilen dinamik bir süreç...

Düşüncelerimiz, yediğimiz gıdalar, yaşadığımız zorluklara verdiğimiz tepkiler, yaptığımız egzersiz miktarı ve diğer pek çok faktör telomerlerimizi ve bundan dolayı hücresel düzeyde yaşlanma hızımızı etkiler.

Peki telomerleri kısaltan düşünce kalıpları hangileri?

İnsanlara karşı negatif ve alaycı düşüncelere sahip olmak, karamsarlık ve olumsuzluk...

Derin düşüncelere dalmak.

İstenmeyen düşünceleri ve duyguları bastırmak.

Zihnin sürekli meşgul olması ve farklı düşüncelerde dolaşması.

Düşüncelerini iyileştirerek ve zihnini bu düşünce kalıplarından uzak tutarak, erken yaşlanmayı önlemek mümkün...

115. Gönüllü çalış para değil sağlık kazan

Rodlescia S. Sneed ve Sheldon Cohen tarafından yapılan araştırmada, gönüllü çalışma ile kardiyovasküler sağlığın en önemli ölçülerinden biri olan tansiyon arasındaki ilişki incelenmiştir.

Çalışmalar gösteriyor ki gönüllü çalışmak maddi kazanç sağlamasa da, sağlık açısından olumlu etkilere sahip.

Yapılan çalışmada, 50 yaş üstü 6.734 kişinin daha önceden Health and Retirement Study (Sağlık ve Emeklilik Araştırması) tarafından ölçülen 2006 ve 2010 yıllarındaki gönüllü çalışma saatleri ve tansiyon seviyeleri değerlendirilmiş.

Bu değerlendirmeler sonucunda, senede 200 saatten fazla (aşağı yukarı haftada 4 saat) gönüllü iş yapan kişilerin, gönüllü iş yapmayan kişilere kıyasla, psikolojik ve fiziksel sağlıklarının daha iyi olduğu görülmüş. Ayrıca bu kişilerin, gönüllü iş yapmayanlara göre yüzde 40 daha az yüksek tansiyon riski taşıdığı saptanmış.

Elde edilen bu veriler, bilim dünyasında öyle güçlü bir etki kazanmış ki, artık tıp merkezlerinde yüksek tansiyon tanısı konan kişilerden gönüllü çalışmalara katılması beklenir olmuş.

Maddi beklentiler içerisinde olmaktan dolayı, vücudumuzun bazı manevi ihtiyaçlarını zaman zaman göz ardı edebiliyoruz. Gönüllü çalışarak, başkalarına yardım ederken, kendimize de sağlık açısından pek çok fayda sağlayabiliriz.

116. Başka bir matematik dersi mümkün!

Frontiers in Human Neuroscience dergisinde yayımlanan çalışmada, öğrenim sürecine dahil edilen ince ve kaba motor aktivitelerinin çocukların matematik öğrenimine katkıları incelenmiştir.

Okul döneminde yapılan 6 haftalık çalışma için 7-8 yaşlarında 165 öğrenci 3 gruba ayrılmış. Standart matematik eğitimi gören bir kontrol grubu, kaba motor becerilerine odaklanan matematik grubu ve ince motor becerilerine odaklanan bir matematik grubu oluşturulmuş.

Kontrol grubunda herhangi bir ekstra fiziksel aktivite yapılmadan standart matematik eğitimi kullanılmıştır. Kaba motor grubunda, öğrenciler matematik dersinde tüm vücutlarını kullanmışlar. Ders, sınıfta yerde, sıralar ve sandalyeler kenara çekilerek yapılmış. Öğrenciler problemleri çözerken vücutlarıyla üçgen şekli ve diğer bazı geometrik şekiller yapmışlar. Ayrıca toplama çıkarma yaparken birbirlerini kullanmışlar.

İnce motor grubundaki öğrenciler sıralarında otururken legoları hareket ettirip düzenleyerek matematik problemleri çözmüşler.

Peki 8 hafta sonra ne görülmüş?

Hareket odaklı matematik öğrenme aktiviteleri sayesinde sadece 6 haftada öğrencilerin test sonuçları yükselmiş. Kaba motor aktiviteleri yapan çocuklarda bilişsel bir gelişmeye rastlanmış.

Çocuklar bedenlerini kullanarak ve eğlenerek eğitim gördüklerinde daha kolay öğreniyorlar. Motor becerilerinin kullanıldığı öğrenme aktiviteleri çocukların matematik performansını yükseltiyor.

117. Doğanın renkleri

Okyanuslar çok zengin bir canlı türü yelpazesine sahiptir ve insan yaşamının gelişmesinde vazgeçilmez bir unsurdur. New York Şehir Üniversitesi deniz biyoloğu David Gruber, okyanusun altında yaşayan yepyeni bir canlı topluluğu keşfetmiş.

Bu canlı topluluğu, biz göremesek de, birbirini neon renklerle görebiliyor. Sualtının insanlara mavi gözükmesinin sebebi, suyun mavi dışındaki diğer renkleri çabucak absorbe etmesi.

Bu biyofloresan canlılarda bulunan özel bir protein mavi ışığı alıp, capcanlı yeşillere, turunculara, kırmızılara dönüştürüyor. Birbirlerinin canlı renklerini görebilmek içinse, gözlerinde mavi rengin baskınlığını azaltan bir filtre görevi gören sarı bir katman var. İnsanlarda bu katman olmadığı için bu canlıların güzelliğini çıplak gözle görmek mümkün değil.

Gruber bu hayvanları fotoğraflayabilmek için, sarı filtresi olan bir sualtı kamerası kullanmış. Bu şekilde parıldayan renklere sahip köpekbalıkları, yılanbalıkları, denizatı ve bu gibi birçok hayvanın fotoğraflarını çekmiş.

Gruber sualtı keşiflerinin bilim adına birçok yeni kapı açabileceğini özellikle de tıbbi ve kanser araştırmalarında büyük ilerlemeler sağlayabileceğini söylüyor. Ayrıca biyofloresan canlıların bu özelliklerini nasıl sağladıkları anlaşılabilirse, bu bilgi sayesinde yeni ilaçların yapılabileceğini belirtiyor.

Gezegenimizin yüzde 70'inden fazlasını kaplayan okyanuslar yaşam için hayati önem taşır. Okyanusların zengin, muhteşem ve çok çeşitli ekosistemleri insanlara ilham verir, yaşamını korur.

118. Bakış açını değiştir, stres dostun olsun

The Upside of Stress kitabının yazarı, Stanford Üniversitesi sağlık psikoloğu Kelly McGonigal, stresin en büyük düşmanımız olmadığını söylüyor.

McGonial'a ilham veren daha önceden yapılmış bir araştırmada, 30.000 yetişkin üzerinde 8 yıl süren bir çalışma yapılmış. 1998 yılında bu kişilere son bir yıl içerisinde ne kadar stres yaşadıkları ve stresin sağlıkları üzerinde kötü bir etkisi olduğuna inanıp inanmadıkları sorulmuş. Sonrasında 2006 senesinde, çalışmaya katılan kişilerin ölüm oranları incelenmiş.

Araştırma sonucunda, yıl boyunca yüksek stres altında olan ve stresin zararlı olduğuna inanan kişilerin erken ölüm riskinin yüzde 43 daha fazla olduğu görülmüş. Öte yandan, yüksek stres altında olduğu halde, stresin zararlı olmadığına inanan kişilerin ölüm riskinin çalışmaya katılanların arasında en düşük olduğu saptanmış.

Bu araştırmaya ek olarak, McGonial şaşırtıcı bir şekilde, stresin oksitosin salgılanmasına neden olduğunu ve bunun sonucunda daha girişken ve cana yakın olduğumuzu açıklıyor.

Kısacası stres hakkındaki düşüncemizi değiştirirsek, vücudumuzun ona verdiği tepkiyi de değiştirebiliriz.

Strese karşı olan negatif bakış açını değiştirerek ve vücuduna sağladığı faydalara odaklanarak, stresin negatif etkilerinden korunabilir ve sağlığını, duygu durumunu ve verimliliğini iyileştirebilirsin.

Tabii ki her konuda olduğu gibi bu konuda da denge önemli...

119. Fizyoloji psikolojiyi etkiler

Harvard Üniversitesi ve Kaliforniya Üniversitesi araştırmacılarının yaptığı çalışmada, önemli bir görüşme öncesinde güçlü durmanın önemi değerlendirilmiş.

Bunun için bir iş mülakatı öncesi vücut dilinin değiştirilmesinin işe seçilmedeki etkisi test edilmiş. Katılımcılar geniş, açık (güçlü) pozlar veya daralmış, kapalı (güçsüz) pozlar benimseyip, sahte iş görüşmesinde bulunan iki denetimcinin karşısında konuşma yapmışlar.

Çalışma sonucunda, güçlü vücut dilindeki kişiler daha iyi performans göstermiş ve bunun sonucunda işe alınma olasılıklarının daha yüksek olduğu görülmüş. Bu kişilerin vücut dili sunum kalitesini iyileştirmiş. Bu sonuca, konuşmanın içeriğine bakılmadan, sadece performansa bakılarak varılmış.

Vücut dilimiz nasıl düşündüğümüzü ve hissettiğimizi yönetir. Eğer vücut dilimiz üzgün ve güçsüz bir haldeyse kendimizi üzgün ve güçsüz hissederiz. Ancak gerçekten üzgün ve güçsüz hissettiğimiz anlarda bile, bilinçli olarak kendimizi mutlu ve güçlü bir poza ulaştırırsak ve iki dakika boyunca bu şekilde durursak, vücudumuzdaki hormon seviyeleri değişmeye başlar. Böylece zihnimiz de bedenimizin yaptığını algılar ve gerçekten iyi hissetmemizi sağlar.

Yani vücudumuz zihnimizi değiştirir ve kim olduğumuzu şekillendirir.

120. Anksiyeteyi sporla yen

Ruhsal ve fiziksel bir hastalığı olmayan ve düzenli şekilde spor yapan, yaşları 18 ile 35 arasında değişen 69 sporcudan 35'i takım sporcusu, 34'ü ise bireysel sporcular olmak üzere iki gruba ayrılmışlar.

Kontrol grubuna ise ruhsal ve fiziksel bir hastalığı bulunmayan fakat düzenli şekilde spor yapmayan, aynı yaş aralıklarında 27 kişi katılmış.

Tüm katılımcılara depresyon sırasında görülen bedensel, duygusal ve zihinsel bulguları ölçen, anksiyete belirtilerinin sıklığını saptayan ve problem çözme becerilerini belirleyen bir anket uygulanmış.

Veriler değerlendirildiğinde görülmüş ki, düzenli olarak spor yapan katılımcılar, düzenli spor yapmayan kontrol grubuna göre daha az anksiyete hissediyor.

Takım sporcuları, bireysel sporculara ve kontrol grubuna göre depresyonda görülen bedensel, duygusal ve zihinsel belirtilere daha az sahip ve problem çözme becerilerine fazlasıyla güveniyorlar.

Görülen o ki, düzenli spor yapmanın anksiyete üzerinde olumlu etkileri var. Düzenli olarak takım sporları ise depresyon belirtileri ve problem çözme becerisi üzerinde olumlu etkiler sağlıyor.

121. Düzgün otur hızlı oku

Oturmak ne kadar kolay ve sıradan bir eylem gibi görünse de, fizyolojiyi bütünüyle etkileyen bir öneme sahip. Yanlış oturuş şeklinin, bedene olan zararı hayli büyük... Üstelik oturma şekli, okuma hızını da oldukça etkiliyor.

Yapılan bir araştırmada aynı sınıfta okuyan 28 lise öğrencisine 2 hafta arayla aynı kitap iki kez okutulmuş ve bu sırada okunan sayfa sayılarıyla öğrencilerin nabız değerleri ölçülmüş. İlk seansta rasgele oturarak kitap okuyan öğrenciler, ikinci seansta düzgün bir oturuş şekliyle kitaplarını okumuşlar. Sonunda elde edilen veriler değerlendirilmiş.

Düzgün oturuş şeklinde okumalarını yapan öğrencilerin; daha fazla sayfa okudukları, kan dolaşımlarının ve nabız değerlerinin daha düzenli olduğu gözlemlenmiş.

122. Sanat ve bilim işbirliği

Günümüzde STEM (Science/Bilim, Technology/Teknoloji, Engineering/Mühendislik ve Mathematics/Matematik) eğitimi, öğrenim hayatının vazgeçilmez bir parçası haline geldi. STEM eğitimi alan öğrenciler teknolojik buluşların ve üretimin merkezinde sayılıyorlar.

Houston Üniversitesi Eğitim Fakültesi'nden eğitim psikolojisi ve kişisel değişiklikler üzerine uzmanlık yapan doktora öğrencisi Jay Young, STEM eğitimine sanatın da dahil edilmesi gerektiğini savunuyor. STEM eğitimine yaratıcılığın eklenmesinin öğrencilerin niteliğini artıracağı düşünülüyor.

Jay Young, yaratıcı düşünce ve problem çözmenin, matematik ve bilim uygulamalarında oldukça gerekli olduğunu iddia ediyor.

Öğrencilerin STEM'le birlikte daha yaratıcı bireyler haline geleceğine ve problem çözme becerilerinin artacağına inanıyor. Ayrıca öğrencilerin sanat sayesinde matematik ve bilimi daha iyi anlayacaklarını belirtiyor.

Bilim ve teknoloji aklıyla, sanat ve yaratıcılık aklının bir araya gelmesi yenilikçi ve lider gençlerin yetişmesi açısından çok önemli.

123. Gönüllü çalışma yasadışı faaliyet oranını azaltıyor

Iowa Üniversitesi tarafından yapılan bir araştırmaya göre, kendi iradesiyle gönüllü faaliyetlere katılan gençler, hayatlarının yetişkinlik evresinde yasalarla daha az problem yaşıyorlar.

Araştırmanın başyazarı Shabbar Ranapurwala; ergenlik döneminin, büyük ahlaki ve duygusal gelişimin gerçekleştiği bir dönem olduğunu, bu nedenle gönüllü çalışmanın gençlere güç veren, sosyal sorumluluk duygusunu, benlik değerini ve mutluluk seviyesini artırarak ahlaki gelişime katkıda bulunabilecek bir faaliyet olduğunu söylüyor. Aynı zamanda bu gençlerin, ileride birer yetişkin olduklarında daha özgüvenli ve sorumluluk sahibi bireyler olabileceklerini, bu yüzden gönüllü iş yapmayan kişilerden daha az yasal sorunlar yaşayabileceklerini belirtiyor.

Araştırmacılar, kendi istekleriyle gönüllü faaliyetlerde bulunan 18-28 yaşlar arasındaki gençlerin, bu tür faaliyetlere katılmayan gençlere göre yüzde 11 daha az yasadışı aktivitede bulunduğunu, ayrıca bu gençlerde yüzde 31 daha az tutuklanma ve yüzde 39 daha az mahkûmiyet oranı görüldüğünü tespit etmiş.

Gönüllü faaliyetlere genç yaşta katılanlar, ahlaki ve duygusal gelişim bakımından avantaj sahibidirler. Yetişkin olduklarında da, suç işleme olasılıkları gönüllü faaliyetlere katılmamış insanlardan daha az olur.

Gönüllü çalışmanın manevi ve ahlaki değeri, kişilerin yasayla olan imtihanına da etki eder...

124. Öğretmenler yeni nesillerin kahramanıdır

Cambridge Üniversitesi'nin yürüttüğü araştırmada, 10-11 yaşlarındaki çocukların öğretmenleriyle olumlu bir ilişkiye sahip olmasının, çocuklarda işbirliği ve fedakârlık gibi "olumlu sosyal" davranışların gelişimini belirgin bir şekilde etkileyebileceği, öte yandan öfke ve karşı çıkma gibi saldırganlık davranışlarını önemli ölçüde azaltabileceği görülmüş.

Araştırmacılar ayrıca, ergenlik döneminde başlayan pozitif bir öğretmen-öğrenci ilişkisinin olumlu etkilerinin 4 yıla kadar devam ettiğini de tespit etmişler. Öğretmenleriyle olumlu ilişkiler içinde olan öğrencilerin, akranlarına karşı ortalama yüzde 18 daha fazla olumlu sosyal davranışlar sergilediği (2 sene sonra yüzde 10 oranında) ve yüzde 38 oranında daha az saldırgan davranışlar gösterdikleri (4 sene sonra yüzde 9 daha az) saptanmış.

Aynı zamanda öğretmene karşı duyulan olumlu hislerin gençlerdeki otoriteye karşı çıkma davranışlarını ortalama yüzde 56 oranında azalttığı görülmüş. 3 sene sonrasında bu oran yüzde 22 civarında seyrediyor.

Araştırma lideri Dr. Ingrid Obsuth, öğretmenlerin çocuk gelişiminde çok önemli bir rol oynadığını ve destek gördüğünü hisseden öğrencilerin daha az agresif ve daha çok olumlu sosyal davranışlar gösterdiklerini söylüyor. Ayrıca eğitim ve öğretim ilkelerinin öğrenci-öğretmen ilişkisi üzerinde daha çok durması gerektiğini vurguluyor.

125. Hareket et genç kal

Dünya Sağlık Örgütü'nün verilerine göre, dünya nüfusunun yüzde 60'tan fazlası ciddi sağlık sorunlarına sebep olacak derecede hareketsiz bir yaşam sürüyor.

Hareketsizlik, kötü beslenme ve sigaraya bağlı olarak oluşan kalp-damar hastalıkları, yüksek tansiyon ve diyabet gibi rahatsızlıklar dünyanın birçok bölgesinde çoğalarak yayılmaya devam ediyor.

Özellikle teknolojinin sağladığı konfora bağlı olarak oluşan hareketsizlik haline karşılık ne yazık ki egzersiz alışkanlığının giderek azaldığı görülüyor. Teknolojik araçlar pek çok noktada hayatı kolaylaştırsa da insan bedeninin hareket ihtiyacını karşılaması konusunda engelleyici bir faktöre dönüşmüştür.

Konuyla ilgili yapılan bir araştırmada dans ve aerobik egzersizlerinin kardiyovasküler verimliliğe etkisi ve ayrıca kalp atımı, kan basıncı, vücut esnekliği ve ağırlığı üzerindeki etkileri incelenmiş.

Kadınlarla gerçekleştirilen sekiz haftalık çalışmanın sonucunda katılımcıların fiziksel verimlilik (kardiyovasküler) değerlerinde anlamlı değişimler görülmüş.

Yetişkin bireylerde haftada 3 kez 60 dakika süren düzenli egzersizlerin, sağlık ve zindelik açısından yüksek fayda sağlayacağı saptanmış.

126. Protégé etkisi – Öğreterek öğrenme

Başkalarına öğretmek öğrenmenin en iyi yolu!

1980'lerde Profesör Jean Paul Martin yaptığı çalışmalarda öğrenmenin en etkili yollarından birinin başkasına o konuyu öğretmek olduğunu kanıtlamıştır. Protégé etkisi denilen bu yöntemde, öğrenen kişinin öğretme sorumluluğunu alması ve bilgi aktarma niyetinde olması, öğrenmeyi başlatan bir faktör...

Protégé etkisinden yola çıkılarak, İsviçre Federal Teknoloji Enstitüsü (EPFL) tarafından "CoWriter" isimli bir anaokulu kuruldu. CoWriter projesi özgün bir yaklaşımla, robotların çocukların yazma becerisine nasıl bir katkıda bulunabileceğini keşfetti. Projenin amacı ilkokul seviyesindeki öğrencilere okuma yazmayı öğretme ve öğrendiklerini pekiştirme konusunda yardımcı olmak. Araştırmada 6-8 yaş arasındaki çocuklar robotlara yazı yazmayı öğrettiler. Çocukların robotların yaptığı hataları düzeltmesi, küçük yaşta iletişim becerilerinin ve kendilerine olan güvenlerinin gelişmesine destek oldu. Çocuklar, bu sistem sayesinde robotların daha iyi yazabilmelerine yardımcı olan öğretmenler oldular.

Araştırma sonucunda, robotlara yazı yazmayı öğreten öğrencilerin öğretmeyenlere kıyasla daha başarılı oldukları gözlemlendi. Kısacası bir konuyu başkasıyla paylaşmak karşı tarafa bilgi aktarımı yapmakla kalmıyor, aktaran kişiye de öğretiyor.

Sana ve etrafına faydalı olduğunu düşündüğün konuları cömertçe paylaş. Böylece hem bilginin kalıcılığını sağlarsın, hem sevdiklerine bir şeyler öğretmiş olursun.

127. Uykumuza gereken önemi veriyor muyuz?

Hayat kalitemizi ve sağlığımızı etkileyen en önemli faktörlerden biri şüphesiz ki uyku. Uyku eksikliğinin çeşitli hastalıklara sebep olduğu da aşikâr...

Gecede 6 saatten az uyuyarak geçirilen bir haftanın bile, yaklaşık 700 gen modifikasyonuna sebep olduğu kanıtlanmış.

Ayrıca uzun süreli uyku problemi yaşayan 1741 kişi üzerinde, 10-14 yıl boyunca yapılan bir araştırmada birtakım sağlık problemleri meydana geldiği saptanmış.

Hangi sağlık problemleri mi?

Genel kalp hastalığı riski artmış, erkeklerin sperm sayısında azalma görülmüş, odaklanma ve hafıza sorunları meydana gelmiş, beyin dokusunda deformasyona rastlanmış, inme riskinin düzenli uyuyan bir insana göre dört kat fazla olduğu tespit edilmiş, diyabet riski artmış, ayrıca kaza riskini en çok artıran sebeplerden birinin de uykusuzluk olduğu görülmüş.

1950'lerde 7-9 saat aralığında sağlıklı uyuyanların oranı yüzde 84'tü. Oysa günümüzde yeterli uyku uyuyanların oranı yüzde 54'ü geçmiyor.

Uykusuzluk sorununu çözmek için kafein tüketimini aza indirmek ve düzenli meditasyon yapmak çok faydalı...

Yaş grubuna göre önerilen uyku süreleri ne mi?

Yeni doğanlar: 16-18 saat

Okulöncesi çocuklar: 11-12 saat

Okul çağındaki çocuklar: En az 10 saat

Ergenler: 9-10 saat

Yetişkinler (yaşlılar da dahil): 7-8 saat

128. Spot ışığı etkisi

İnan, hataların düşündüğün kadar fark edilmiyor.
Spot ışığı etkisi nedir biliyor musun?
Aslında psikolojik bir kuramdır. Kişinin kendi davranış ve dış görünümüne insanların gerçekte olduğundan çok daha fazla dikkat ettiğini sanmasıdır.

Yani yaptığın küçük hataların, çok fazla kişi tarafından fark edildiği yanılgısına düşmendir.

Aslında insanlar etrafındaki hatalara ve sakarlıklara tahmin ettiğin kadar dikkat etmiyorlar.

Cornell Üniversitesi'nde yapılan araştırmada öğrencilerin üzerinde o dönemde gençler arasında pek popüler olmayan Amerikalı müzisyen Barry Manilow'un fotoğrafının basılı olduğu bir tişörtle gezmeleri istendi ve aldıkları tepkiler ölçüldü.

Üzerlerindeki tişörtle kalabalık içinde zaman geçiren öğrenciler, deney sonunda araştırmacılara çok utandıklarını, insanların en az yarısının üzerlerindeki tişörtü fark ettiğini ve hakkında kötü yorum yaptığını tahmin ettiklerini söylediler. Fakat araştırmacıların yaptığı ölçüme göre, kalabalığın çeyreği bile bu kişileri ve giydikleri tişörtleri fark etmedi.

Tekrar edilen birçok deneyle bu görüş pekiştirilmiş ve sonuç olarak yaptığımız küçük hataların sandığımız kadar fark edilmediği ortaya çıkmış.

Herkesin sürekli seni izlediğini, yargıladığını ve her hatanı fark edip seni yerdiklerini düşünerek, boş yere endişeye kapılma ve utanma. Çünkü düşündüğün gibi güçlü spot ışıkları altında durmuyorsun.

129. Duyduğumuz minneti ifade etmek mutluluğumuzu artırıyor

Minnettarlığı ifade etmek iki tarafı da mutlu eder. Yapılan araştırmalar gösteriyor ki şükretmek ve minnet duymak mutluluk hissini artırıyor. Ancak bu noktada çok daha önemli bir etken var, o da duyulan minneti ifade etmek...

Katılımcılar üzerinde yapılan deneyde şükretmenin ve minneti ifade etmenin gücü bilimsel olarak da araştırılmış. Deneyde öncelikle katılımcıların mutluluk seviyeleri psikolojik testlerle ölçülmüş, sonrasında deneklerden gözlerini kapatıp hayatlarına en çok katkısı olan insanı düşünmeleri ve neden bu insanın onlar için önemli olduğunu yazmaları istenmiş.

Sonraki adımda ne yapmışlar?

Minnet duydukları kişiyi arayıp yazdıklarını ona okumuşlar.

Deneyin sonucunda görülmüş ki, hayatında olduğu için şükrettikleri kişiye karşı duygularını yazdıklarında mutluluk seviyeleri yüzde 2 ila yüzde 4 oranında artmış.

Asıl büyük artış ise yapılan telefon konuşmasından sonra gerçekleşmiş. Mutluluk seviyeleri yüzde 4 ila yüzde 19 yükselmiş.

İşin asıl ilginç yanı başlangıçta mutluluk seviyesi en düşük olan kişi, telefon görüşmesinden sonra mutluluk seviyesinde en yüksek artışı gösteren kişi olmuş.

130. Ganzfeld Etkisi

İnsan beyninin en önemli özelliklerinden biri patern (örüntü) tanımadaki başarısıdır. Örüntüleri anlama konusunda kullandığı yöntemse kıyaslamadır ve görerek toplanan veri oranı diğer duyulara oranla yüksektir. Yani insanlar gördüklerine daha çok inanma eğilimindedirler.

Ganzfeld Deneyi işte bu prensibi kullanarak kişilerin sezgilerini ölçmektedir. Temel dayanağı etraftaki uyaranların azaltılması ile sezgi yoluyla bilgi alımının güçlendirilmesidir.

Konuyla ilgili yapılan bir deneyde alıcı ve verici olarak adlandırılan ve birbirlerinden izole edilmiş katılımcılardan "verici"ye bir resim verilip sesli olarak düşünmesi istenirken; "alıcı"ya yarı saydam gözlük ve kulaklık takılarak, kırmızı ışık altında duyularından arınması beklendi.

Deneyin sonunda alıcının 4 resim arasından "verici"nin düşündüğü resmi seçmesi istendi. Tahminlerin başarı oranının yüzde 25 olması beklenirken yüzde 34'lük bir başarı elde edildi.

Psikiyatr Charles Honorton deneyi bir adım ileri taşıyarak katılımcıların sanatçı ve başarılı insanlardan seçilmesi durumunda oranın artacağını ileri sürdü. Gerçekten de katılımcıların başarılı insanlar olduğu grupta oran yüzde 43'e, sanatçıların olduğu grupta ise yüzde 50'ye kadar çıktı.

Etrafımızdaki uyaranlardan sıyrılıp duyu organlarımızdan gelen veri akışını azaltmamız durumunda sezgilerimiz yoluyla bize ulaşan verileri daha etkili bir şekilde ayırt edebiliriz.

131. Duyguların efendisi: Kalp

Duygularımızdan da sorumlu tuttuğumuz ama aslında görevi vücuda kan pompalamak olan hayati organımız kalbin vücuttaki birçok sistemle de ilişkide olduğu; hatta diğer organlarla kıyaslandığında beyin ile en geniş iletişim ağına sahip olduğu biliniyor.

1991'de Dr. J. Andrews Armour kalpteki 40.000'den fazla nöronun küçük bir beyin gibi davranarak bilgi işleyebildiğini belirtti. Kalbin beyni olarak adlandırılan bu mekanizma hormon, nabız ve tansiyon değişikliklerini vagus siniri aracılığıyla beyne ileterek tüm organ ve sistemlerin işlevlerinin düzenlenmesinde rol oynuyor.

2000'li yıllarda Jolanta Gutskowa tarafından yürütülen bir araştırmadaysa sevgi ve sosyal bağlarla ilişkilendirilen oksitosin hormonunun önemli bir kısmının kalpten salgılandığı ortaya konmuş.

Beyin ve bedenin sezgisel bilgiyi nereden alıp nasıl işlediğinin araştırıldığı bir deneyde katılımcılara tahrik edici veya sakinleştirici unsurlar içeren farklı fotoğraflar gösterilip vücutlarının verdiği tepkiler ölçülmüş. Deneyin sonunda görülmüş ki kalp bilgiyi beyinden önce alıyor ve tepki veriyor.

Kalp de beyin de sezgisel bilgiyi alıp tepki verebiliyor. Tüm bu süreçte birlikte işbaşındalar.

132. Maharishi Etkisi

Maharishi Mahesh Yogi, Transandantal Meditasyon tekniğini dünyaya tanıtan kişi olarak bilinir. 33 ülkedeki pek çok üniversite ve araştırma kurumunda onun tarafından yürütülen 600'den fazla bilimsel çalışma, meditasyonun derin bir rahatlama, gerginlikleri giderme, yaratıcılığı ve zekâyı geliştirme, sağlığı güçlendirme, iç mutluluk ve doyuma ulaşma sağlayarak; zihin, beden, davranışlar ve toplum için yararlı olduğunu ortaya çıkarmıştır.

Transandantal Meditasyon'un nüfusun belli bir kesimine öğretildiği ve uygulandığı bölgelerde diğer yerlere nazaran olumsuz olayların azaldığı ve olumlu eğilimlerin arttığı gözlemlenmiş. Elliye yakın bilimsel araştırmanın sonucunda, nüfusun yüzde birinin karekökü, tek bir mekânda Transandantal Meditasyon yaptığında, ölçülebilir derecede daha güçlü bir uyum ve ahenk etkisinin toplumun tamamına yayıldığı görülmüş. Bilim insanları işte bu olguyu "Maharishi Etkisi" olarak adlandırıyorlar.

1933 yılında Washington D.C.'de 27 bilim insanından ve lider vatandaşlardan oluşan bağımsız bir grubun takip ettiği araştırmada, toplu meditasyon yaparak kolektif bilincin tutarlılığının artırılması ve suç oranının düşürülmesi hedeflenmiş. 5 yıldır suç oranının değişmediği bölgede 4000 katılımcının bir ay boyunca yaptığı meditasyonun ardından bölgedeki suç oranının yüzde 23,3 oranında düştüğü tespit edilmiş.

Toplu meditasyonların dünya barışına doğrudan katkıda bulunabileceğini söylemek tabii ki mümkün.

133. Sirkadiyen saat

Nedir sirkadiyen saat?
Hemen açıklayalım...

Sirkadiyen saat, bitkilerin, hayvanların, mantarların ve siyanobakterilerin 24 saatlik periyot içerisindeki biyokimyasal ve psikolojik davranışlarının bütünüdür. Terim olarak "sirkadiyen", Franz Halberg tarafından Latince "circa" sözcüğünden türetilmiştir. Circa "tahminen" ya da "o gün" anlamına gelir.

İnsanın da günlük yaşamın içinde etkisi altında kaldığı bir ritimdir. Sirkadiyen ritim, biyolojik saat olarak da adlandırılır.

Sirkadiyen ritim uyanıklık ve uyku döngüsü, hormon salınımı, beden ısısı ve diğer önemli bedensel fonksiyonlar da dahil olmak üzere birçok fiziksel dalgalanmayı kontrol eder. Pek çok uyku hastalığı (insomnia gibi) sirkadiyen ritimle ilişkilendirilirken anormal sirkadiyen ritmin obezite, diyabet, depresyon ve bipolar bozukluk gibi rahatsızlıklara neden olduğu yapılan araştırmalarla saptanmıştır.

Eğer sirkadiyen ritim bozulursa, hücre döngüsünde görev alan gen ürünlerinin ekspresyonları değişir. Bunun sonucunda sirkadiyen sistem fonksiyon bozuklukları ve kanser gelişimi gibi riskler ortaya çıkabilir.

Hayat kalitesinin beslenme, egzersiz ve uykuyu da içine alan bütüncül bir iyi olma haliyle önemli ilişkisi vardır. Yediklerimiz kadar günlük döngümüzün de düzenli bir ritminin olması bize daha sağlıklı ve yenilenmiş bir beden sağlar.

134. Doğru postür duyguları etkiliyor

Kanadalı ve Alman araştırmacılar, üniversite öğrencileriyle yaptıkları bir araştırmada, yürüme şeklinin ruhsal durumu ve duygusal hafızayı nasıl etkilediğini araştırdılar ve birtakım deneyler yaptılar.

İlk gruptaki katılımcılara mutlu ve kaygısız şekilde (düz bir sırt, elastik ve hafif adımlarla) nasıl yürüneceği gösterilirken diğer gruba mutsuz ve umutsuz (düşük omuzlar ve ağır adımlarla) bir yürüme şekli gösterildi.

Tabii ki çalışmanın amacından ve bu yürüyüş şekillerinin ne anlama geldiğinden iki gruptaki öğrencilerin de haberi yoktu.

Öğrenciler yürüme bandının üzerindeyken her iki gruba da olumlu (güzel, çalışkan, başarılı) ve olumsuz (çirkin, üşengeç, tembel) tam 40 kelime okundu. Katılımcılardan her kelimenin kendilerine uyup uymadığını düşünmeleri istendi. Öğrenciler yürümeye devam ederlerken, akıllarında kalan kelimeler soruldu.

Yürüyüşün sonunda katılımcılar duygusal durumları hakkında anket doldurdular. Sonuçlar açık bir şekilde "mutlu" yürüyen grubun olumlu kelimeleri hatırlama eğiliminde olduklarını gösterirken, "mutsuz" yürüyen grubun negatif kelimeleri hatırladığı saptandı.

Duruşumuz sadece hislerimizi etkilemekle kalmıyor, aynı zamanda neye önem verdiğimizi ve neleri hatırlama eğiliminde olduğumuzu da belirliyor. Sadece daha dik yürüyerek ve gökyüzüne bakarak bile kendimizi daha iyi hissedebiliriz.

135. Cömert insanlar daha mutlu yaşıyorlar

Zürih Üniversitesi araştırmacıları, cömertliğin sağladığı mutluluğun beyindeki etkilerini incelemek için bir araştırma yaptı.

Deneyde 50 katılımcıya haftada 20 dolar verildi. Katılımcılar rasgele iki gruba ayrıldı. Deney grubu üyelerine parayı başkaları için harcamaları, kontrol grubuna ise parayı kendileri için harcamaları söylendi. Daha sonra bütün katılımcılara ya kendilerine ya da başkalarına yardımcı olacak seçimler yapmaları gereken sorular soruldu. Bunu yaparken Fonksiyonel Manyetik Rezonans Görüntüleme (fMRI) aracılığıyla beyin aktiviteleri de incelendi.

Deney sonucunda, verilen parayla cömertlik yapanların deneyle bağlantısız seçim yapma görevinde de daha cömert seçimler yaptığı görüldü. Ayrıca parayı başkaları için harcayan gruptaki katılımcıların mutluluk seviyelerinin arttığı da saptandı.

Cömert davranışlarda bulunan katılımcıların beyinlerinde temporoparietal bileşke (TPJ) denilen, genelde empati ve sosyal kavrama ile ilişkilendirilen bölgenin aktive olduğu tespit edildi. Ayrıca TPJ bölgesi ve ventral striatum denilen, ödül ve mutlulukla ilişkilendirilen bölge arasındaki bağlantının yükseldiği de görüldü.

Cömertliğin boyutu mutluluk seviyesini artırmıyor. Yani önemli olan cömertliğin miktarı değil, yapılmış olması...

Araştırmacı Philippe Todler konuyla ilgili olarak "Mutlu hissetmek için kendini feda etmeye gerek yok, birazcık cömertlik yeterli" diyor.

136. İşyerinde özerklik refah ve tatmini olumlu yönde etkiliyor

Birmingham Üniversitesi İşletme Bölümü, 20.000 çalışanın katıldığı ve 2 yıla yayılan Understanding Society (Toplumu Anlamak) isimli anketin verilerini kullanarak, işyerinde farklı seviyelerdeki bağımsızlığın, refah düzeyinde oluşturduğu değişiklikleri inceledi.

Çalışmaya göre özerklik ve bağımsızlık mesleğe ve cinsiyete göre oldukça değişiklik gösteriyor. Yönetim seviyesindeki çalışanlarda bağımsızlık yüzde 90'a kadar ulaşabiliyorken, uzmanlık seviyesine bağlı olarak vasıflı çalışanlarda yüzde 50 oranında bağımsızlık görülüyor. Vasıfsız işçilerin iş hayatına bakıldığında hiçbir özerkliğe rastlanmıyor.

Yapılacak işler ve iş planı üzerinde daha fazla kontrol sahibi olan çalışanların refah seviyesinde önemli bir artış olduğu rapor edilmiş. İş planı üzerinde kontrol sahibi olmanın, gayriresmi esneklik ve evden çalışmayla ilişkilendirildiği olumlu etkiler, çalışanlar tarafından değerli bulunuyor ve işten zevk almayı sağlıyor.

Her ne kadar yöneticiler esnek çalışma saatlerini ve ortamlarını "daha fazla gayret beklentisi" içinde oldukları için tercih etmeseler de, işin kontrolünü çalışanlara bırakmak yapılan işten zevk alınmasını sağlayacak ve genel verimliliği yükseltecektir.

137. Hayal gücünün sabır üzerindeki etkisi

Nasıl daha sabırlı olabileceğini öğrenmek istemez misin? UC Berkeley Üniversitesi'nden Adrianna Jenkins ve Ming Hsu'nun Fonksiyonel Manyetik Rezonans Görüntüleme (fMRI) cihazlarından aldıkları görüntülere göre sabırlı olmanın yolu hayal edebilmekten geçiyor. Bir dürtüye verilen tepkinin olası sonuçlarını hayal etmek sabırlı davranma olasılığını, yüksek irade gücü olmadan da yükseltiyor. Bilim insanları bu tekniğe "çerçeveleme etkisi" diyor.

Jenkins, yaptığımız seçimlerin olası sonuçlarını hayal etmenin bazı faydaları olduğunu söylüyor.

Çalışmada katılımcılara farklı şekillerde çerçevelendirilmiş seçenekler yöneltildi. Bağımsız çerçevelendirmede katılımcılardan şimdi 100 dolar veya 30 gün sonunda 120 dolar alabilecekleri söylendi. Sıralı çerçevelendirmede katılımcılara şimdi 100 dolar alırken 30 gün sonunda hiçbir şey almamakla şimdi hiçbir şey almadan 30 gün sonunda 120 dolar almak arasında seçim yapmaları istendi. Aslında iki durumda da elde edilen sonuç aynı, fakat farklı şekilde çerçevelendirilmiş.

Sonuçlara göre, sıralı çerçevelendirme grubundaki kişiler, seçimlerinin sonuçlarını hayal etmişlerdi ve bunun sonucunda daha sabırlıydılar. Örneğin bu gruptan biri 120 dolar için bir ay bekleyebileceğini, aradaki 20 dolar farkın 1 haftalık benzin parasını çıkaracağını söyledi. Bağımsız çerçevelendirme grubu daha az hayal gücü kullanmıştı.

138. Düşünme ve problem çözmek gibi işlevler kaygı bozukluğuna karşı koruma sağlıyor

Duke Üniversitesi Psikoloji ve Nörobilim Bölümü, Nörogenetik Laboratuvarı araştırmacılarının gerçekleştirdiği çalışma, beynin, düşünmek ve problem çözmek gibi işlevlerden sorumlu bölgesindeki aktiviteyi artırmanın, kişileri kaygı bozukluğuna karşı koruyabileceğini ortaya koyuyor.

Araştırmada, 120 gönüllü genç katılımcının, duygusal tepki ve tehditle bağlantılı işlevlerden sorumlu beynin amigdala bölgesindeki, ödüllendirilmeyle bağlantılı işlevlerden sorumlu beynin ventral striyatum bölgesindeki ve karar verme ile idari görev gibi bilişsel işlevlerde rol oynayan beynin frontal korteksindeki aktiviteler MRI yoluyla izlendi. Ayrıca katılımcıların ruh halleri ve anksiyete durumları da kayıt altına alınarak analiz edildi.

Duke Üniversitesi'nden Nörobilim ve Psikoloji Profesörü olan Ahmed Hariri, araştırmanın sonunda duygusal işlevleri güçlendirmenin tek yolunun, doğrudan ruh haline, anksiyeteye ve depresyon deneyimine eğilmek olmadığını açıkladı. Duygusal işlevleri, genel bilişsel işlevleri geliştirerek de dolaylı yoldan güçlendirmek mümkün. Yani problem çözmek ve düşünme becerisini geliştirmek de, duygusal işlevleri besliyor, anksiyete ve depresyonu iyileştiriyor.

Araştırma sonuçlarına göre, bahsi geçen risk grubuna giren bireylerin, beynin dorsolateral prefrontal faaliyetlerini, bilişsel davranış terapisi, hafızayı güçlendirme çalışmaları veya transkraniyal manyetik uyarı (TMS) gibi yardımcı unsurlardan faydalanabileceği kaydedildi.

139. Beslenme şeklimiz
duygu durumumuzu etkiliyor

Son 80 yıldır besinler üzerinde ciddi çalışmalar yapıyor. Elde edilen sonuçlara göre, yiyeceklerimiz sadece bizi fiziksel olarak değil duygusal olarak da etkileyebiliyor.

Araştırmalara göre mutluluk duygusu arayışında olanlar, bilinçsizce karbonhidrat ağırlıklı besinlere yöneliyorlar. Bu besinler, serotonin (mutluluk) hormonunu yükseltmeleri nedeniyle, uyku, iştah ve duygu durumunu da yönetiyorlar.

Dolayısıyla mutluluk halinin yediklerimizle de ilgili olduğunu söylemek mümkün.

Örneğin muz, ananas, karides ve şeker mutluluk veren yiyeceklerin başında... Fakat şeker, yakından incelendiğinde aslında tek başına serotonin üretemiyor. Sadece üretimi tetikliyor. Tavuk, balık, süt ve yumurta gibi protein grubu besinler aktifliği ve hareketliliği tetikleyen besinler. Ancak, sadece protein tüketildiğinde kişi kendini oldukça depresif hissedebiliyor.

Sakinlik ve uyku kalitesi için magnezyum içerikli koyu yeşil yapraklı sebzeler, kabak çekirdeği ve badem önerilirken, mutluluk hissini tetikleyen B vitamini içerikli besinlere ise bezelye, yumurta sarısı, kuşkonmaz ve koyu yeşil yapraklı bitkiler öneriliyor.

İyimserliğin kaynağı olarak görülen Omega-3 başta balık olmak üzere fındık, badem, ceviz gibi kuruyemiş grubunda bulunuyor.

Son olarak da selenyumun endişeyle, B1 vitamininin özgüvenle olan ilgisi de kanıtlanmış.

140. Doğal yaşam mucizesi

Gabriel Advanced Surveys tarafından Avusturya, Almanya ve İsviçre'nin kırsal kesimlerinde gerçekleştirilen bir araştırma çiftlik ortamında yaşamanın astım ve genetik alerji eğilimi rahatsızlıklarına karşı koruyucu etkilerini ortaya koymuş.

2006'nın kış mevsiminden başlayarak 2008 yılının bahar mevsimine kadar 75.000'den fazla çocukla sürdürülen araştırmada, çiftlik ortamında büyüyen çocukların, şehirde büyüyenlere oranla özellikle astım ve saman nezlesi gibi hastalıklara yakalanma risklerinin ciddi oranda düşük olduğu sonucuna varılmış.

Günümüz koşullarında şehir hayatını tamamen terk etmek mümkün olmayabilir. Buna karşılık endüstriyel gıdalardan olabildiğince uzak durmak, doğal ve sağlıklı beslenerek, hijyen takıntısından uzaklaşmak, kimyasal kullanımını azaltarak, her fırsatta doğaya koşarak, toprağa çıplak ayakla basmak yerinde bir tercih olabilir. Doğal yaşamın olanaklarından az da olsa faydalanabilmeyi önemsemek gerek...

"Doğa insan olmadan da yaşar ama insan doğa yok olduktan sonra yaşayamaz."
– Paul Ehrlich

141. Şükretmek en iyi ilaçtır

University of California, Davis'te (UC Davis) Psikoloji Profesörü olan Robert A. Emmons'a göre şükretmek çok önemli. Çünkü şükredenler, anı yaşayıp kutluyorlar, yaşamlarında daha aktif oluyorlar, kendilerine de, arkadaşlarına da, yaşamlarına da, içinde bulundukları şartlara da değer veriyorlar. Ayrıca zihinleri yoksunlukta değil, sahip olduklarına odaklanıyor.

Şükretmeyi alışkanlık haline getirmek, kan basıncını düşürüyor, bağışıklık sistemini güçlendiriyor ve daha verimli bir uyku sağlıyor. Bunların dışında pişmanlık, depresyon, anksiyete, madde bağımlılığı ve intihar riskini azaltıyor, kreatinin ve C-reaktif protein seviyelerini düşürüyor.

Şükretmek ruhsal durumumuzu olduğu kadar davranışlarımızı da etkiliyor. Yapılan çalışmalar gösteriyor ki şükreden kişiler daha sağlıklı beslenme alışkanlıkları geliştiriyorlar, daha çok fiziksel egzersiz yapıyorlar, büyük oranla sigara ve alkol kullanmıyorlar ya da daha az kullanıyorlar ve daha sağlıklı ve mutlu bir hayat sürüyorlar.

Zihin yapımız doğrudan olarak biyokimyamızı etkiliyor. Dolayısıyla şükretmeyi alışkanlık haline getirmek sağlıklı ve mutlu bir yaşam sürmenin anahtarı...

"Yolculuğunuza minnettar olun çünkü o tamamen size ait."
– La Rochefaucauld

142. Özrü kan basıncından büyük

Özür dilemek, kırık kalpleri, yaraları, ilişkilerdeki bozuklukları tamir eden ve şifalandıran sihirli bir güce sahip...

Özür, sosyal anlamda hoş bir davranıştan öte, önemli bir ritüel, empatik yaklaşımı sağlayan bir saygı göstergesi, öfkeyi yatıştıran ve yanlış anlamaları ortadan kaldıran değerli bir nitelik...

Hope College ve Virginia Commonwealth Üniversitesi ile Miami ve Winsconsin üniversitelerinin 2008 yılında birlikte gerçekleştirdiği bir araştırmada, özür dilemenin ve özrü kabul etmenin bireylerin sağlığına etkileri gözlendi.

Araştırma sonuçlarına göre özür dilemek ve özrü kabul etmek kan basıncını düşürüyor, kalp atışlarını yavaşlatıyor ve solunumu düzenliyor.

Amerikalı tanınmış psikoterapist Beverly Engel, özrün başarıya ulaşması için niyet ve tavrın samimiyet içermesinin çok önemli olduğunu vurguluyor. Sadece yapmak zorunda hissettiğin için ya da birinin dayatması yüzünden özür dilemenin fark yaratan hiçbir gücü yok. Çünkü bu gibi durumlarda özür, içtenliğini ve doğallığını kaybediyor.

Hata yapan kişi hatasını kabul ettiği, davranışının sorumluluğunu üstlendiği zaman ise karşı taraf duygusal bir iyileşme yaşıyor ve kişiyi artık potansiyel bir tehdit olarak görmüyor. Geçmişe takılıp kalmıyor ve diğer kişiye empati duyma ve onu affetme ihtimali artıyor.

143. Çocuklar her şeyi hisseder

Bebekler anne karnından itibaren annelerinin duygusal durumlarını hissederler. Buna göre karakter ve duygu durumu geliştirirler. Pennsylvania Eyalet Üniversitesi'nden Peter Moriarty araştırma ekibiyle beraber, çocukların annelerinin konuşma tonlamaları ve duygu vurgularına göre beyin aktivitelerini inceledi.

Çalışmada çocuklara öfke, mutluluk ya da nötr hisler barındıran annelerinin sesleri 15 saniyelik örneklerle dinletildi. Çocukların bu farklı duygu durumlarını dinlerken, Fonksiyonel Manyetik Rezonans Görüntüleme (fMRI) aracılığıyla beyinlerinde oluşan tepkiler incelendi. Yapılan çalışmada konuşmayı bilmeyen ve anlamayan çocukların bile duygu farklarını anladıkları görüldü.

Çocuklar annelerin ve babaların birbirlerine ve diğer insanlara karşı konuşma tarzlarını ve duygu durumlarını açıkça sezebiliyorlar ve farkında olmadan çoğu şeyi kendilerine örnek alıyorlar.

Eğer örnek aldıkları durumlar, keyifli, eğlenceli, güven ve sevgi içeren anlar ve konuşmalarsa kendileri de aynı şekilde pozitif tutumlar sergiliyorlar. Ne var ki sinirli, üzgün, tahammülsüz duygu durumlarını ve konuşmaları örnek alan çocuklar, geri dönüşü çok da kolay olmayan karakter bozuklukları yaşıyorlar.

144. Zihin sessizleşirse beden iyileşir

National Geographic dergisinden gazeteci Florence Williams, doğa ve insan arasındaki bağlantıyı inceledikleri bir sayıda pek çok araştırmaya dikkat çekmiş.

Utah Üniversitesi bilişsel psikoloji uzmanlarından David Strayer'a göre, yorgun bir zihni toparlamanın en güzel yolu hızlı yaşamaktan vazgeçip, bir nebze de olsa her şeyden uzaklaşmak ve doğada biraz zaman geçirmek.

Günlük koşturmacanın hızını kesmek ve doğayla mola vermek, zihni boşaltan, dinlendiren bir aktivite. Böylece sakinleşen zihnin, problem çözme, üretkenlik ve hafıza açısından performansı oldukça yükseliyor.

David Strayer, 22 öğrencisiyle yaptığı üç günlük bir doğa turunun ardından öğrencilerinin yaratıcı performanslarının ve problem çözme becerilerinin yüzde 50 oranında yükseldiğini tespit etmiş.

Bir başka araştırma da Exeter Üniversitesi'nden...

Exeter Üniversitesi Tıp Fakültesi araştırmacıları, 10 bin kent sakininden alınan akıl ve ruh sağlığı verilerini incelemişler. Elde ettikleri sonuca göre yeşil alanlara yakın bölgelerde yaşayanlar, zihinsel yorgunluktan ve stresten daha az şikâyet ediyorlar.

Sonuç olarak, doğayla iç içe olmak, beden ve zihin sağlığını olumlu yönde etkiliyor.

145. Prososyal harcama

British Columbia Üniversitesi Psikoloji Bölümü araştırmacısı Ashley Whillans ekibiyle beraber, başkaları için para harcamanın (prososyal harcama), yüksek tansiyon tanısı konulmuş yetişkinlere nasıl bir fayda sağlayabileceğini araştırdı.

Çalışmanın ilk aşamasında yüksek tansiyon tanısı konulmuş, 2004-2006 yılları arasında Midlife in the US (MIDUS) araştırmasına katılmış 186 yetişkinin verileri incelenip değerlendirildi. MIDUS, bu yetişkinlerdeki psikososyal elementler ve sağlık arasındaki ilişkiyi inceleyen bir araştırmaydı.

Çalışmanın ikinci aşamasında, yüksek tansiyon tanısı konulmuş 73 yetişkin, kişisel harcama grubu ve prososyal harcama grubu olarak rasgele ikiye ayrıldı. 6 hafta süren bu çalışmada, hastaların harcama ve sağlık arasındaki ilişkileri, çeşitli anketler ve laboratuvar ziyaretleri aracılığıyla değerlendirildi.

İlk çalışmanın sonuçları, başkalarına para harcayan yüksek tansiyon hastalarının, iki yıl içerisinde sistolik ve diastolik kan basıncı değerlerinin düştüğünü gösterdi. İkinci çalışmanın sonucunda da benzer şekilde, başkalarına para harcayan katılımcılarda, kendine para harcayanlara göre daha düşük sistolik ve diastolik kan basıncına rastlandı.

Bu sonuçlar finansal cömertliğin, yüksek tansiyonlu yetişkinlerin kalp-damar rahatsızlığı riskini elle tutulur oranda azalttığını gösteriyor. Başkaları için harcamada bulunmak, insanlara yardım etmek, sağlığımıza iyi geliyor.

146. Suyun bilgeliği

Yüzmek sadece iyi bir spor değil aynı zamanda yaşam kalitesini ve algı kapasitesini yükselten etkili bir iyileşme şeklidir.

Konuyla ilgili Uşak'ta Vala Gedik İlköğretim ve İş Okulu'nda bir çalışma yapılmış. Yaşları 12-16 arasında değişen, algılama zorluğu çeken 12 kız ve 20 erkek öğrencinin, ailelerinin de katılımıyla gerçekleştirilen çalışmada, katılımcılar rastlantısal olarak iki gruba ayrılmışlar.

İlk grup 10 hafta boyunca haftada 3 gün olmak üzere 60 dakikalık bir yüzme programı almış, antrenmanlar yapmış. Diğer grup, kontrol grubu olarak yüzme programının dışında tutularak, etkinliksiz bekletilmiş.

10 haftanın sonunda hafif düzeyde algılama güçlüğü çeken öğrencilerin özgüven ölçümlerinde kayda değer bir gelişme gözlemlenmiş. Yüzme programına katılan çocukların, katılmayan gruptaki çocuklara oranla okuldaki yaşam kalitelerinde gözle görülür bir fark saptanmış.

Farklı düzeylerde engellere sahip çocukların genelde iletişim kurmada sıkıntı, derslerinde geri kalma ve yaşıtları tarafından maruz kaldığı can sıkıcı davranışlar yüzünden özgüven problemleri yaşadıkları görülmüş.

Sportif faaliyetlerin çocukların tümünde bedensel sağlık ve gelişim, odaklanma, büyüme, iletişim kurabilme ve motivasyon açısından oldukça güçlü katkıları var.

147. Hayvan destekli tedaviler

Artık hastalıkların tedavisinde hayvanların varlığından da güç alınıyor. Üstelik elde edilen sonuçlar oldukça parlak. Hayvanların iyi birer şifacı olduklarını biliyor muydun?

Kalp yetmezliği sorunuyla hastanede yatan 76 hastayla bir araştırma yapılmış. Hastalar öncelikle 3 gruba ayrılmışlar. İlk grupta bir gönüllü ve ona eşlik eden bir köpek düzenli şekilde hastaları ziyaret ediyor. İkinci grupta sadece bir gönüllü var ve o da düzenli şekilde kalp hastalarını günde 12 dakika ziyaret ediyor. 3. grubun hastane rutininde hiçbir değişiklik yapılmamış.

Ziyaret öncesi, ziyaretin 8. dakikası ve ziyaret bittikten 4 dakika sonra yapılan değerlendirmeler incelendiğinde bir köpek eşliğinde ziyaret edilen hastaların sistolik pulmoner arter basıncı ve pulmoner kapiller kama basıncında azalma görülmüş. Sadece gönüllüyle ziyaret edilenlerle kıyaslandığında ziyaret sırasında adrenalin, sonrasında da noradrenalin değerlerinde düşme görülmüş. Ayrıca bir köpekle ziyaret edilen grubun anksiyete değerleri ziyaret öncesiyle kıyaslandığında en büyük düşüş göstermiş.

Odendaal tarafından yapılan bir diğer araştırmada ise 18 insan ve köpeğin karşılıklı etkileşimlerinden önce ve sonra, hem insanlarda hem köpeklerde, kan basıncının düşmesi ile ilişkili nöro-kimyasalların ölçümü yapılmış. Sonuçlar beyinde ilgi isteği ile bağlantılı kimyasallarda artış olduğunu göstermiş.

148. Manevi mutluluğun bağışıklık sistemi üzerindeki etkileri

Uzmanlar, mutluluğun genlerimiz üzerinde etkileri olduğunu söylüyor...

İnsan genomunun stres, korku gibi negatif etkilerini inceleyen Prof. Steven Cole ve arkadaşlarının yapmış olduğu araştırmada, merhamet, yardımseverlik ve eudaimonic mutluluğun, insanların bağışıklık sistemleri üzerinde olumlu etkileri olduğu tespit edilmiştir.

Eudaimonic mutluluk anlamlı hedefler ve değerlere bağlı manevi bir mutluluk anlayışıdır, ölçülü ve adaletli olmayı gerektirir. Hedonik mutluluk herhangi bir anlam arayışında olmadan sürekli haz alma ve acıdan kaçınma arayışında olmaktır.

80 kişi üzerinde yapılan araştırmada, hedonik ve eudaimonic mutluluğun, insanlığın hayatta kalmasına ve iyi olmasına yardımcı olmak için gelişen 21.000 geni kapsayan bir sistem olan insan genomu üzerindeki biyolojik etkileri incelendi.

Eudaimonic mutluluk yaşayan kişilerin, hedonik mutluluk yaşayanlara kıyasla, enflamasyon düzeylerinin düşük olduğu ve vücutlarında yüksek düzeyde antiviral ve antikor genleri olduğu tespit edildi.

Zihin aradaki farkı anlayamasa da, içdünyamızda manevi yönlerden mutlu olmanın ve herhangi bir anlam arayışında olmadan iyi hissetmenin insanların bağışıklık sistemleri üzerinde oldukça farklı etkileri olduğu görüldü. Anlık hazlardan ziyade anlam ve değer odaklı bir hayat, psikolojik etkilerinin yanı sıra, fizyolojimizi de pozitif anlamda etkiliyor.

149. Kendine çok yüklenme

British Columbia Üniversitesi araştırmacıları, öz şefkatin üniversite birinci sınıf öğrencilerine hayatlarının bu yeni dönemindeki ilk seneyi daha rahat atlatmalarına yardımcı olacağını söylüyor. Üniversitenin ilk yılında alışmış oldukları ortamdan ayrılmanın yarattığı stres gençleri olumsuz etkilemekte. Araştırmaya göre, bunun altından kalkabilmek adına kendilerine karşı şefkatli davranmaları çok önemli.

Üniversite öğrencilerine yöneltilen sorular sonucu yapılan analizlerde, öğrencilerin kendilerine karşı öz şefkat düzeyleri arttıkça, daha enerjik, daha canlı ve daha iyimser oldukları görülmüş. Ayrıca öz şefkat öğrencilerin hayata bağlılık ve motivasyon seviyelerini artırıyormuş.

Araştırma lideri Katie Gunnell yaptıkları araştırmaların, liseden üniversiteye geçiş yapan öğrencilerde görülen stresin öz şefkatle hafifletilebileceğini, çünkü öz şefkatin psikolojik bağımsızlık, yeterlilik, ilişkili olma ihtiyaçlarını yükselttiğini ve bunun sonucunda genel refah seviyesinin artacağını gösterdiğini söylüyor.

Araştırmacılara göre öz şefkatli olmak için, kişilerin kendilerine karşı negatif yargılayıcılığı bir kenara bırakması ve yetersiz olduklarını düşünmekten vazgeçmesi gerekiyor. Kendilerini acımasızca eleştirmek yerine yaşadıkları olaylara kendilerine karşı merhametli bir bakış açısı ile yaklaşmak öğrencilere bu yolda yardım edecektir.

Herkes hata yapabilir... Bunun farkında olmak ve kendimize daha iyi davranmak stresle baş etmemize yardımcı olacaktır.

150. İfaden güzelliğindir

Cardiff Üniversitesi psikiyatrı Michael Lewis, botoks uygulamasının hisler üzerinde etkiler yarattığını söylüyor. Bu fikirle yola çıkarak, öncesinde botoks uygulaması yaptırmış kişiler üzerinde bir araştırma yapılmış.

Çalışmada insanların suratındaki hangi kırışıklıkların giderildiğine bağlı olarak mutluluk seviyelerinin değiştiği tespit edilmiş Örneğin; kaşlarının ortasındaki çizgilere botoks enjeksiyonu yaptıran kişilerin daha mutlu oldukları görülmüş.

Lewis, kaşların ortasındaki çizgilerin giderilmesinin, kişinin eskisi gibi somurtamamasına sebep olduğunu ve bu yüz ifadesinin beyindeki algı şeklini etkilediğini, dolayısıyla kişinin daha mutlu olduğunu açıklıyor. Öte yandan göz kenarlarındaki kırışıklıklarına botoks yaptıran kişilerinse daha mutsuz oldukları saptanmış. Araştırmacılar göz kenarlarındaki kasların içten bir şekilde gülümserken kullanıldığını, dolayısıyla oradaki kaslara enjeksiyon yapılmasının gülümsemeyi zayıflattığını söylüyorlar.

Bu sonuçlar botoksun nasıl hissettiğimizi etkileyebileceğini gösteriyor. Surat ifademiz sadece başkalarına değil, kendimize de nasıl hissettiğimizi söylüyor... Ne kadar gülümsersen o kadar mutlu olursun.

151. Gülümseyerek acıyı azalt

Bugüne kadar yapılan pek çok araştırma, gülmenin pozitif etkilerini ortaya koyuyor. Kansas Üniversitesi Psikoloji Bölümü'nden Sarah Pressman ve Tara Kraft, gülmenin acı toleransı ve stres üzerindeki etkisini araştırdı.

Çalışma için 170 sağlıklı üniversite öğrencisi seçildi. Katılımcılara çalışmanın gülümsemekle ilgili olduğundan bahsedilmedi, onun yerine birkaç işi aynı anda yapmakla (çoklu görev) ilgili olduğu söylendi. Katılımcılar nötr surat ifadeli kontrol grubu, standart gülümseme grubu ve içten gülümseme grubu olarak rasgele üçe ayrıldı. Daha sonra katılımcılara ağızlarında bu üç ifade oluşacak şekilde çubuklar tutturuldu ve bu sırada iğne yapıldı. Katılımcıların çalışma esnasındaki stres seviyesini belirlemek için kalp atış hızları ölçüldü.

Gülümseme gruplarındaki katılımcılar, iğne yapıldığı esnada daha az ağrı hissettiklerini bildirdiler. Aynı zamanda vücutlarındaki stres seviyesi azaldı. Kalp atış hızlarında azalma görüldü. Fakat çalışmadan en çok içten gülümseme grubunun yararlandığı fark edildi.

Bu bulgular, stres altındayken pozitif bir surat ifadesi sürdürmenin psikolojik ve fizyolojik yararları olduğunu gösteriyor. Pressman bu yöntem sayesinde, özellikle çocuklarda, ağrı hissini güvenli, etkili ve bedelsiz bir şekilde yönetebileceklerini söylüyor.

Araştırmanın doğruluğunu sadece gülümseyerek sınayabilirsin.

152. Yaşlı çınarlar sevgi bekler

Psikiyatri dışı kliniklerde yatarak tedavi gören yaşlı hastalarda depresyon riski ve bazı sosyo-demografik özelliklerin etkisini belirlemek amacıyla bir araştırma yapılmış. Araştırmaya katılmayı kabul eden 154 yaşlı hasta belirlenmiş ve hasta ziyaretleri başlamış.

Araştırmanın sonuçları oldukça ilginç...

Ziyaretçisinin gelmediğini belirten yaşlıların, sağlıklarının iyiye gitmediğini düşündükleri görülmüş. Üstelik kendilerini çok daha yaşlı hissediyorlar. Yaşlanmanın artık işe yaramamak olduğuna inanan kişilerin depresyon yaşama riskleri oldukça yüksek. Ayrıca hastalığıyla ilgili bilgi almak istemeyip durumunun iyi olmadığını düşünenlerde de durum farklı değil.

Sonuç olarak ziyaretçisi gelmeyen yaşlıların yüzde 57,7'sinde depresyon riski saptanmış. Sağlığının kötü olduğuna inanan yaşlıların yüzde 76'sında, kendini çok yaşlı bulanların yüzde 65,5'inde ve yaşlılığın işe yaramamak olduğunu düşünenlerin yüzde 85,7'sinde depresyon riski saptanmış.

Yaşlılık algısı arttıkça depresyon riskinin arttığı görülmüştür. Yaşı algılama ve yaşlılığa bakış açısı ile depresyon riski arasındaki ilişki istatistiksel olarak önemli bulunmuştur.

153. Zorbalık sağlığı da etkiliyor

Pittsburgh Üniversitesi'nde, araştırmacı Karen A. Matthews liderliğinde gerçekleştirilen araştırmada, çocukluk döneminde zorbalığa maruz kalmanın, yetişkinlik dönemine olan etkileri araştırılmış.

1987 yılından itibaren, birinci sınıftan 30'lu yaşların başlarına kadar gözlenen 300'ü aşkın Amerikalı erkek katılımcıyla gerçekleştirilen araştırmada çocukluk döneminde zorbalığa maruz kalmanın, yetişkinlik döneminde psiko-sosyal ve fiziksel sağlık sorunlarına yol açtığı sonucuna varılmış. Çocukluk döneminde zorbalığa maruz kalan erkek çocukların, 20 sene sonra sigara içmeye ve marihuana kullanmaya, stresli koşullarda yaşamını sürdürmeye, saldırgan ve düşmanca tutum geliştirmeye daha yatkın olduğu gözlenmiş. Ayrıca, yetişkinlikte daha fazla maddi sorun yaşamaya meyilli oldukları, haksızlığa uğradığına inandıkları ve gelecekleri hakkında daha kötümser oldukları görülmüş.

Çocuklukta yaşanan zorbalığın, sağlığı da tehdit ettiği ve ileride ciddi kardiyovasküler sorunlara yol açma ihtimali taşıdığı kaydedilmiş. Zorbalığa maruz kalan çocukların belirlenmesi, okullarda zorbalıkla mücadele planlarının geliştirilmesi ve ebeveynlerin, öğretmenlerin ve okul müdürlerinin çocuklarına zorbalıkla karşılaştıklarında sessiz kalmamayı öğretmesi gerektiği belirtilmiş. Buna ek olarak, psikolojik desteğin yetişkinliğe kadar uzanan bir sürece yayılmasının, çocukların psikolojik ve fiziksel sağlıklarını koruyacağı da kaydedilmiş.

154. Genlerin bir kısmı senin elinde

Londra King Üniversitesi ve Bristol Üniversitesi tarafından gerçekleştirilen araştırmada, epigenetik genlerdeki seyrin, davranış bozukluklarıyla olan ilişkisi araştırılmıştır.

Araştırmada, Bristol'deki Avon Uzun Vadeli Ebeveyn ve Çocuk Araştırmaları Kurumu'nun (ALSPAC) saptadığı, doğum sırasındaki DNA metilasyonu verileri ile 4 yaşından 13 yaşına kadar değişim gösteren DNA metilasyonu verileri karşılaştırılmış.

Genetik unsurların, davranış bozuklukları üzerinde yüzde 50 ila 80'e varan düzeyde etkili olduğuna dikkat çekilen araştırmada, DNA metilasyonu adlı epigenetik sürecin genler üzerindeki etkisini anlamanın, davranış bozukluklarını önlemede etkili yaklaşımlar geliştirilmesine yardımcı olabileceği belirtilmiş.

Araştırmayla, annenin hamilelik döneminde sigara içmesi veya alkol almasının çocukların epigenetik değişiminde rol oynadığı anlaşılmış ve davranış bozukluğu geliştirenlerde, MGLL olarak adlandırılan genin, ödül, bağımlılık ve acı algısında rol oynayan genin en belirgin epigenetik değişim gösteren gen olduğu kaydedilmiş. Araştırmada ayrıca, saldırganlık ve antisosyal tutumla ilintili olan MAOA genlerinde de düşük miktarda da olsa epigenetik değişim gözlendiği bildirilmiş.

155. Beden anıları saklıyor

Adolf Hitler'in Yaşamöyküsü adlı kitabıyla tanınan Psikiyatr Thomas Fuchs'ın yaptığı çalışmalar, yaşanan bütün travmaların beden belleğinde saklandığına işaret ediyor.

Aslında anılarımız tüm bedenimizde bizimle birlikte yaşıyor. Vücut belleğimize yerleşen deneyimler, açık belleğimizde değil, varoluş tarzımızda saklanıyor.

Heidelberg Üniversitesi'nden Prof. Dr. Thomas Fuchs'a göre, biz farkında olmasak da vücudumuzun uyaranlara verdiği tüm tepkilerin anılarımızla yakından ilgisi var. Özellikle bebeklikte kaydedilmiş anılar, bugünün tepkilerinin temelini oluşturuyor. Örneğin, dokunma çocuklarda güven duygusunu destekleyen, büyüme ve bağlanma hormonlarını açığa çıkaran bir uyaran. Bebekle yeterli temas kurulmadığında ise bebeğin bedeni bu eksik veriyi unutmuyor. Yıllar sonra biri ona sarıldığında bu deneyimin tadına varamıyor. Bazı durumlarda karşı tarafı itmeye ya da kendi bedeninden tiksinmeye kadar varan tepkiler bile oluşabiliyor.

Fuchs, insanların bilinç düzeyinde hatırlamadığı deneyimlerin beden tarafından hatırlandığını açıklıyor. Yaşanan olumsuzlukların bedende bıraktığı izler, kişiyi kurban bilincine sokabiliyor ve yaşanan deneyimler bir sonraki nesle bile aktarılabiliyor. Fuchs, bu durumlarla baş etmek için ise öncelikle travmayı fark etmek ve sonrasında eski duyguları güvenli bir ortamda terk etmeye yönelik terapi yöntemlerinden faydalanmak gerektiğini vurguluyor.

156. Bitkiler insanın duygu ve düşüncelerine tepki veriyor

Grover Clevaland Backster (1924-2013), yaygın adıyla "yalan makinesi" olarak bilinen poligraf cihazıyla, bitkiler üzerinde deneyler yapmasıyla tanınmış bir araştırmacı. Ayrıca yalan söyleyenleri poligraf aracılığıyla tespit etmeyi de başarmış.

Peki nedir poligraf?

Makineye bağlanan kişinin 3 ana ölçümünü gözlemleyerek yalanı tespit eden cihazdır. İddiaya göre makineye bağlanan kişinin nabız, solunum ve galvanik deri tepkisi (terleme) ölçümü yapılarak, yalan mı yoksa doğru mu söylediği tespit ediliyor.

Bir gece, sekreterinin ofisini canlandırsın diye aldığı zambakgillerden bir süs bitkisi Backster'in gözüne çarpıyor ve onu poligrafa bağlıyor. Sonra bitkinin yapraklarından birini yakması halinde bitkinin nasıl bir tepki vereceğini merak ediyor. Eline kibriti alır almaz poligraf, bitkide ciddi bir reaksiyon tespit ediyor.

Backster bu deneyi başka bitkiler üzerinde de yapmaya devam ediyor. Uzun yıllar sürdürdüğü deneylerle, bitkilerin ziyaretçilere farklı tepkiler verdiğini gözlemliyor, bitkiyi yetiştiren insanla bitki arasında bir bağın kurulduğunu saptıyor.

Beslediğin bitkilerin seni anladığını unutma. Bir ormana gittiğinde, oradaki bitkilerin senin duygusal durumlarından haberdar olduğunu hatırla. Seninle birlikte onlar da üzülüyor, sen sevindiğinde onlar da seviniyor.

157. Baba-kız ilişkisi

Vanderbilt, Auburn ve Indiana Üniversitesi psikologlarından oluşan bir araştırma grubunun yaptığı bilimsel çalışmada, ergenlik çağına giren kızların babalarıyla olan ilişkisinin buluğ zamanlamasını nasıl etkilediği araştırıldı.

Nasville, Knoxville ve Bloomington'da yaşayan 173 kız çocuğu ve ailesiyle gerçekleştirilen araştırmada kız çocukları, anaokulu döneminden başlayarak yedinci sınıfa kadar gözlendiler.

İlk beş yıl ebeveynleriyle olumlu ilişkiler içinde bulunan kız çocuklarının, ebeveynleriyle mesafeli ilişkileri olan çocuklara kıyasla daha geç yaşlarda buluğ çağına girdiği görüldü.

Özellikle de babaların kızlarıyla olan etkileşiminin, kız çocuklarının buluğ çağına giriş zamanıyla ilintili en önemli ailevi faktör olduğu kaydedildi.

Daha geç yaşlarda buluğ çağına giren kız çocuklarının babalarının, genellikle çocuklarının bakımına faal olarak katıldığı, annelerine destek olduğu ve anneleriyle olumlu ilişkiler içinde olduğu kaydedildi. Babasız büyüyen ya da işlevsiz babalarla büyüyen kız çocuklarının erken yaşta buluğ çağına girdiği saptandı.

Öz babasıyla aynı evde yaşamayan kız çocuklarının, doğrudan kan bağı olmayan erkeklerin (örneğin, annenin erkek arkadaşı veya dedesi) feromonuna maruz kalmasının, çocuğun buluğ çağına erken girmesinde etkili olabileceği tezi de ileri sürüldü.

158. Ben kimim?

Buffalo Üniversitesi'nden Psikoloji Profesörü Mark Seery, yaptığı araştırmalardan sonra elde ettiği bulgulara göre, ihmalkâr veya soğuk ilişkilerin hâkim olduğu aile ortamlarında yetişen bazı çocukların, yüksek özgüven geliştirmiş olsalar bile, kimlik algılarında net olamadıklarını açıklıyor. Kimlik algısında net olamayan çocukların, hayata dezavantajlı başladıklarını belirtiyor.

Bu çocuklar, yetiştikleri olumsuz aile ortamından uzaklaşmayı kendileri açısından başarı olarak kabul etseler de, benlik algılarında net olamadıklarına işaret eden Seery, özgüvenin, kişinin kendine biçtiği değerle alakalı olduğunu, kimlik algısının ise kişinin kendini ne ölçüde isabetli değerlendirdiğiyle ilgili olduğunu söylüyor.

Araştırmacılardan Psikolog Lindsey Streamer, öz değerlendirmesine ters düşen mesajlar alan kişilerin, kimlik algısı konusunda çelişki yaşadığına dikkat çekiyor. Streamer, kişinin kendiyle ilgili değerlendirmesinin ve başkalarının kendisiyle ilgili yaptığı değerlendirmenin örtüşmesinin önemli olduğunu belirtiyor.

Bunların yanı sıra, Prof. Mark Seery, kimlik algısının, kişinin psikolojik adaptasyonu, duygusal dengesi, akademik performansı ve öfke kontrolüyle doğru bağlantılı olduğunu kaydediyor.

159. Merhamet her çocuğun kalbinde vardır

Almanya'da Max Planck Enstitüsü'nden Dr. Robert Hepach ve ekibinin gerçekleştirdiği araştırmada iki yaşındaki 36 çocuk rasgele üç gruba ayrıldı. Her üç gruptaki çocuklar, bir yetişkinin bir eşya düşürdüğünü ve uzanarak almaya çalıştığını gözlemlediler.

İlk gruptaki çocuklara yetişkinlere yardım etmesine izin verildi. İkinci gruptaki çocuklara yetişkinlere yardım etmesine izin verilmedi. Üçüncü gruptaki çocuklar ise başka bir yetişkinin eşyayı düşüren kişiye yardım etmesini seyretti. Enstitüdeki araştırmacılar çalışma esnasında, eşyanın düşmesinden önce ve sonra çocukların gözbebeklerini izlediler.

Yapılan gözlemlerde yardıma ihtiyacı olan yetişkinleri gören çocukların gözbebeklerinin büyüdüğü tespit edildi. Başkalarına yardım etmelerine izin verilmeyen ve kendilerinden başkalarının da yardım etmediğini gören çocukların gözbebeklerinin daha da büyüdüğü görüldü. Yardım eden kendileri olmasa da yardıma ihtiyacı olan birine yardım edildiğini görmek çocukları rahatlattı.

Araştırma sonucunda, çocukların yardım etme davranışının altında yatan motivasyonun, basitçe o kişinin yardıma ihtiyacı olduğundan kaynaklandığı anlaşıldı. Yani çocuklar takdir kazanmak için yardım etmiyorlar, içtenlikle yardım ediyorlar...

Bu tür çalışmalar, insanların çok küçük yaştan itibaren derin bir merhamet hissine sahip olduğunu, insanları memnun etmekle hissedilen mutluluğun, bağışıklık sistemine ve sağlığa olumlu etkisi olduğunu gösteriyor.

160. Sıkıntılarından kaçma

Case Western Reserve Üniversitesi Psikoloji Bilimleri Profesörü Julie Exline, sıkıntılarından kaçma eğilimi gösterenler hakkında çok önemli bir konuya dikkat çekiyor. Exline'a göre manevi ve ruhsal mücadeleden kendilerini sakınanlar daha fazla kaygı bozukluğu ve depresyon yaşıyorlar. Oysa sıkıntılarıyla yüzleşenlerde görülen depresyon çok daha az.

Konuyla ilgili yapılan araştırmanın sonucunda, manevi sorunlar yaşadığını kabul etmek istemeyen kişilerin, farklı inançlardan insanlarla ilişki kurma şansını kaçırmak veya zamanla bu kişileri tehlikeli görmek gibi sosyal sorunlar yaşayabileceği görülmüş.

Julie Exline, insanların uzun süre ruhsal problemlerinden kaçındığında, hayat amacının belirlenmesinin ve bu yolda bir şeyler yapılmasının zorlaştığını söylüyor. Özellikle de kişi, bu tür problemleri ahlaken kabul edilemez ve tehlikeli olarak görüyorsa, bu düşüncelerin kişinin duygusal sağlığında gerginliğe yol açabileceğini de ekliyor.

Ruhsal mücadeleden kaçınmak, insanların kişisel hedeflerine ve dünyayı tecrübe etmelerine engel oluyor. Kaygı bozukluğu ve depresyonu, ruhsal mücadelesiyle yüzleşen kişilere göre çok daha yoğun yaşamalarına neden oluyor. Problemlerden kaçınmak için duygusal ve zihinsel enerji harcamak, o problemin yok olmasına sebep olmuyor, bilakis daha çok zarar veriyor.

161. Affetmenin sağlığımıza olumlu etkisi

Stanford Üniversitesi profesörü, bilim insanı ve yazar Frederic Luskin ve ekibi affetmenin sağlığımız üzerindeki etkisi hakkında bir araştırma yapmış.

San Francisco'da oturan 259 kişi üzerinde yapılan çalışmada, bütün katılımcılarla 6 kez 1,5 saat süren görüşmeler yapılmış. Bu görüşmelerde araştırmacılar çalışmaya katılan kişilerin affetmeyi öğrenmesini sağlamışlar. Araştırma çerçevesinde tecrübe ettikleri olumsuz hatıralarını konuşarak paylaşan katılımcılar, onları inciten şahısları zihinlerinde canlandırarak onlarla iletişim kurmuşlar.

Katılımcılar arasından, kendilerine zarar veren kişileri affedenlerin çoğu, deney sonrasında strese bağlı sırt ağrısı, mide ağrısı ve uyku problemleri gibi ruhsal ve fiziksel rahatsızlıklarının önemli ölçüde azaldığını belirtmişler. Birçok katılımcı ileride benzer olaylarla karşılaşmaları halinde yine affetmeye hazır olacaklarını da sözlerine eklemişler.

Araştırma sonucunda sadece zihinsel olarak affetmenin bile kişilerde iyileşme belirtileri gösterdiği görülmüş.

Affetmemek ve kin tutmak sağlık üzerinde birçok olumsuz etki yaratır. Örneğin sırt ağrısı, mide ağrısı, uyku bozukluğu, bağışıklık sisteminin düşmesi, kilo sorunları, şeker ve tansiyon hastalıkları, psikolojik baskıya dayalı kalp basıncının artması, kalp krizi, panik atak, kanser gibi pek çok rahatsızlığın kaynağı sayılabilir.

Affedebilen insanlar hem ruhen hem de bedenen daha sağlıklı olurlar.

162. Anne-çocuk ilişkisi ve epigenetik

Günümüzde anne-çocuk arasındaki ilişkinin, çocuğun gen ifadesi üzerinde etkili olduğunu gösteren bilimsel araştırmalar mevcuttur. DNA'nın yapısında değil ama gen ifadesinde (gen ifadesi, DNA dizisi olan genlerin, fonksiyonel protein yapılarına dönüşmesi süreci için kullanılan bir terimdir) meydana gelen bu değişiklikler epigenetik olarak tanımlanır.

McGill Üniversitesi Psikiyatri Profesörü Dr. Michael Meaney ve arkadaşlarının kobaylar üzerinde yaptıkları araştırmalarda, annesi tarafından iyi bakılan, okşanıp temizlenen ve yeterince emzirilen yavruların büyüdüklerinde daha sakin oldukları, çevrelerine daha kolay uyum sağladıkları ve kendilerinin de anneleri gibi yavrularına ilgi gösterdikleri gözlenmiştir.

Buna karşılık annelerinden yeterince ilgi görmeyen kobayların stres hormonu düzeyinin normalden çok daha yüksek olduğu saptanmıştır. Bu farklılık, stres hormonlarının üretiminde rol oynayan gen ifadesinde ortaya çıkan değişiklikten kaynaklanmaktadır. Annenin yavrusuna ilgi ve şefkat göstermemesi, yavrunun stres hormonlarıyla ilgili gen ifadesinde değişiklik meydana getirmiş, bu durum yavruların beyninde ve sonuç olarak da kişiliklerinde kalıcı değişiklikler ortaya çıkarmıştır.

Annenin çocuğuna ilgi ve sevgisini göstermesi çocukların daha sakin, daha uyumlu ve sağlıklı bireyler olmalarında etkilidir.

163. Gençlere bir not: Nefes alın

Madde kullanımı veya şiddete başvurmak gibi dürtüleri kontrol altına almak için verilen motivasyon eğitimlerinin gençler üzerinde oldukça olumlu sonuçlar gösterdiği bilimsel olarak da kanıtlandı.

UCLA Semel Nörobilim ve İnsan Davranışları Enstitüsü Psikiyatri Bölümü araştırmacılarından Dara Ghahremani, Los Angeles'taki lise öğrencilerine, stres yönetimi, duygu kontrolü, anlaşmazlıkların çözümü ve dürtüsel davranış kontrolünü içeren bir Gençlik Motivasyon Semineri (YES; Youth Empowerment Seminar) verdi.

International Human Values Association (Uluslararası İnsani Değerler Derneği) tarafından desteklenen YES programına 788 öğrenci katıldı. 524 öğrenci eğitim grubuna dahil edilirken, 264 öğrenci kontrol grubu olarak hiçbir programa alınmadı.

Seminerle, sınıf içi uygunsuz davranışlar, madde kullanımı ve sakıncalı cinsel davranışlar gibi dürtüsel davranışların düzelmesi hedeflendi. Bedene, zihne ve sağlıklı yaşam tarzına dönük eğitimlerde, ağırlıklı olarak yoga duruşları, yoga nefesleri ve farkındalık egzersizleri yer aldı. Dört hafta sonra eğitime katılan grubun daha az dürtüsel davranış hissettiği gözlenirken, kontrol grubundaki öğrencilerin dürtüsel davranışlarında herhangi bir değişim kaydedilmediği görüldü.

Ghahremani, söz konusu eğitimlerle, öğrencilerin, kendilerini zorlayan durumlar karşısında, dürtüsel olmayan, yapıcı ve farkındalıklı davranışlar geliştirmeyi öğrendiğini açıkladı.

164. Az laf çok iş

Unilever, Sony&Paramount Pictures gibi önde gelen Amerikan firmalarına stratejik çözüm koçluğu hizmeti veren tanınmış stratejist ve yaşam koçu Zoe B., geliştirdiği stratejik çözümlerin bazılarını web sitesinde de paylaşıyor.

"Çok Konuşmak Başarıyı Neden Engelleyebilir?" başlığıyla bir makale kaleme alan Zoe B., gereksiz düzeyde konuşmanın olumsuzluklarına ve çözüm önerilerine dikkat çekti.

Zoe B., özellikle başkalarının onayını alma çabasıyla çok konuşarak vakit kaybetmek yerine, hedefleri gerçekleştirmekle meşgul olmak gerektiğinin altını çizdi.

Ölçülü ve az konuşmanın, önemli konulara zihinde yer açmayı sağlayacağını belirten Zoe B., az ve öz konuşmanın bir anlamda zihin temizliği anlamına geldiğine de işaret ediyor.

Lüzumsuz yere çok konuşmanın, bu davranışın altında yatan nedenden bağımsız olarak, zihni sürekli aktif tutan bir faaliyet olduğuna dikkat çeken Zoe B., zihni arındırmaya ve önemli olan şeylere odaklanmaya dönük olarak, her hafta sessiz kalmak için belirli bir zaman ayırmayı öneriyor.

Ayrıca konuşurken neden bahsettiğinin farkında olmak ve konuşmaya başlamadan ne söylemek üzere olduğunu bilmek gerektiğini hatırlatıyor.

165. Empatik öğretmenler çocukların öğrenme motivasyonunu artırıyor

Finlandiya'daki Doğu Finlandiya (Eastern Finland), Jyväskylä ve Turku üniversitelerinde, Finlandiya İlk Adımlar Araştırmaları adıyla yürütülen çalışmada, empatik öğretmenlerin, çocukların motivasyon ve akademik becerilerine olan etkisi araştırılmış.

Finlandiya Doğu Üniversitesi öğretim görevlisi ve İlk Adımlar Araştırmaları Doğu Finlandiya Üniversitesi Araştırma Grubu lideri Martti Siekkinen, araştırma sonuçlarına göre, 1 ve 3. sınıflardaki çocukların, öğretmenleriyle güvene dayalı bir ilişki geliştirmesinin kritik bir öneme sahip olduğunu belirtiyor.

Siekkinen, öğretmenin empatik tutumunun, hem öğrencinin kendini algılamasında hem de sınıf arkadaşları tarafından kabul görmesinde büyük rol oynadığını söylüyor.

Empatik öğretmenlerin, çocukların motivasyonunu yükseltmeyi başarmaları sayesinde okuma, yazma, aritmetik gibi becerilerini artırmakta da etkili oldukları keşfedilmiş.

Çocukların hedeflerini gerçekleştirecek kabiliyetlere sahip olduğuna inanmaları başarılı olmaları yolunda atılabilecek en değerli adımlardan biri.

166. Yaratıcılıkta sağ-sol beyin işbirliği

Güney Kaliforniya Üniversitesi araştırmacıları, beynin mantık ve matematikle ilişkilendirilen sol hemisferinin, aslında yaratıcı düşüncede önemli bir rol oynadığını saptadılar.

Araştırma lideri Lisa Aziz-Zadeh ve ekibi, yaratıcılık sırasında beynin sağ tarafı işin çoğunluğunu üstlense de, sol taraftan yardım istediğini keşfetti.

Söz konusu çalışmada, görsel olarak yaratıcı oldukları bilinen mimarlık öğrencileri yer aldı. Çalışma sırasında öğrencilere üç farklı geometrik şekil gösterildi. (C harfi, 8 rakamı ve daire şekli.) Bu şekilleri kullanarak yeni bir görüntü hayal etmeleri istendi. Örneğin; 8'i iki göz, C'yi ağız, daireyi burun yerine koyarak surat yaratmak gibi...

Sonrasında öğrencilerden bu şekillerle zihinlerinde kare ve dikdörtgen yaratmaları istendi. Bu yaratıcılıktan ziyade uzaysal kavrama gerektiren bir çalışmaydı. İki çalışma sırasında da öğrencilerin Fonksiyonel Manyetik Rezonans Görüntüleme (fMRI) cihazı sayesinde beyin aktiviteleri incelendi.

Sonuçlara göre, yaratıcı çalışma sırasında çoğunlukla sağ beyin çalışıyordu. Fakat yaratıcılık çalışması sol beyni, yaratıcılık gerektirmeyen uzaysal kavrama çalışmasına göre daha çok aktive etmişti. Yani sonuçlar araştırmacıların tezini kanıtlar nitelikte...

Yaratıcı düşünce sırasında beynin her iki tarafı da işbirliği içerisinde çalışıyor.

167. Biberiye aroması hafızayı geliştiriyor

Northumbria Üniversitesi'nden Dr. Mark Moss ve Victoria Earle'ın yapmış oldukları çalışmada biberiye kokusunun çocukların hafızası üzerinde olumlu bir etkisi olup olmadığı araştırıldı.

Mark Moss ve ekibi daha önce yapmış oldukları çalışmalarda, biberiye aromasının sağlıklı yetişkinler üzerindeki etkisini araştırmıştı. Sonuçlar idrak ve kavramanın arttığı yönünde olunca, benzer bir etkinin okul çağındaki çocuklar için de geçerli olup olmadığını test etmek istemişler.

Çalışmaya 10-11 yaşlarında 40 çocuk katılmış. Çocuklar fark gözetmeksizin rasgele seçilerek biberiye kokulu sınıfa ve kokusuz sınıfa olmak üzere ikiye ayrılarak yerleştirilmiş. Sonrasında bütün çocuklara birtakım hafıza testleri yapılmış.

Testler incelendiğinde biberiye aroması kokan sınıftaki çocukların hafızalarının kayda değer oranda daha iyi olduğu saptanmış. Önceden gösterilen kelimelerin hatırlanmasına ilişkin sorularda büyük fark yaratmışlar.

Dr. Moss'un açıklamalarına göre biberiye aromasının hangi nedenle bu sonuçları verdiği henüz net olarak belirlenememiş ve bunun üzerine daha fazla araştırma yapılması gerekiyor. Teorilerden biri kokunun beynin elektrik aktivitesini artırması yönünde. Ayrıca Dr. Moss hafızanın akademik başarıyla bağlantılı olduğunu, belki de koku yöntemiyle çocuklardaki akademik başarının yükseltilebileceğini söylüyor.

168. Biyofoton: Yaşamın ışıkla dansı

Biyofoton üzerine yapılan çalışmaların ilk olarak 1923 yılında Rus bilimadamı Alexander Gurwitsch'in bir çalışması esnasında soğan kökünden bir ışın yansıması gözlemlemesiyle başladığı kabul edilir.

1970 yılında Uluslararası Biyofizik Enstitüsü kurucusu Alman Profesör Fritz-Albert Popp'un kanserle ilgili yaptığı bir araştırma esnasında kömür katranı ve sigara dumanında rastladığı kanserojen maddelerin hücre yapısının bozulmasında direkt etki edip etmediğini sorguluyordu ve Gurwitsch'in çalışmalarını referans aldı.

Peki nedir biyofoton?

Biyofoton, insan, hayvan, bitki gibi tüm yaşayan canlıların hücrelerinden gözle görülemeyecek düzeyde yaydığı elektromanyetik dalga ve ışıktır. Bu ışık sadece Alman bilimadamlarının geliştirdiği cihazlarca tespit edilebiliyor.

Yapılan araştırmalarla biyofotonların özellikle hücrelerin DNA kısmında depolandığı anlaşıldı. DNA tarafından emilen bu ışık; hücreler, dokular, organlar arasında bağlantı kurup, adeta bir iletişim ağını sağlayarak, hayati fonksiyonların da devamlılığını sağlamakta rol oynuyor.

Biyofoton üzerinden yola çıkılarak insanlar üzerinde iyileştirici etkileri bulunan çalışmalar da bilimsel olarak önem kazanmaya başladı. Özellikle vücuttaki chi enerjisinin aktığı alanlardaki iyileşmeler (ki bunlar Çin tıbbında meridyen olarak bilinip, yaşamsal faaliyetlerin ana şalterleri olarak betimlenmektedir), biyofoton alanlarıyla ilişkilidir.

169. Dolanıklık

Kuantum mekaniği atom düzeyinde incelendiğinde, bir madde aynı anda başka yerde olabilir. Uzay ve zamana bulaşan dalgalar gibi davranabilirler ve çok uzaklarda olmalarına rağmen birbirleriyle bağlantılı olabilirler. İşte bu sisteme de dolanıklık denir.

Dolanıklık kavramı, 1935 yılında Erwin Schrodinger tarafından dile getirilen bir kavramdır. Schrodinger dolanıklık kavramının; kuantum mekaniğini onu klasik düşünce sisteminden ayıran en önemli özelliği olduğunu öne sürmüştür.

Kuantum dolanıklık teorisine göre; fotonlar ve elektronlar birbirlerinden ne kadar uzak mesafede olursa olsun ışık hızından bile hızlı şekilde iletişime geçerler yani mesafeden bağımsız şekilde etkileşim yaratırlar.

1980 yılında ünlü fizikçi Alain Aspect bu tezin üzerinden ilerleyerek gerçekleştirdiği deneyde inanılmaz bir sonuca vardı. Dolanık halde iki fotonun birbirlerinden uzak mesafede ölçümlendiklerinde birbirlerini etkilediklerini kanıtladı.

Bunun üzerine bilim insanları ırkçılığı ve nefreti yenmek için pek çok bilimsel adım attılar. Her bireyin aslında doğduğu toprakların değil birçok ırkın DNA'sını taşıdığını kanıtladılar. Kendini özdeşleştirdiğin doğduğun topraklar kadar nefret ettiğin bir ırkın da DNA'sını taşıyorsun. DNA üzerinde yapılan çalışmalar sağduyuyla incelenirse ırkçılık tarihe gömülecektir.

Dolanıklık (entanglement) teorisini iyi anladığımızda bambaşka kapıların açılması mümkün.

170. Nöroplastisite: Beynini yeniden inşa et

Dr. Joe Dispenza, düşüncelerimizin gerçekliğimizi yarattığı konusunda bilimsel kanıtlar olduğunu söylüyor. Bu konuyla ilgili şüpheci yaklaşanlara ise düşünce sistemlerinin hayatlarını nasıl etkileyebileceğini deneyimlemeleri için eğlenmelerini tavsiye ediyor. Yaratıcılığın fabrikasının nöral bağlantı sistemi olduğunu belirten Dispenza, yeni nöral bağlantıların öğrenme, yeni bilgiler edinme, yeni deneyimler yaşama ile mümkün olacağını açıklıyor.

Nöroplastisite (neuroplasticity) beynin kendi kendini yeniden organize edip yeni nöron bağlantıları kurarak hayat akışı içerisindeki değişimlere ya da yeniliklere direnç göstermeksizin adapte olmasıdır.

Nöro sertliği ise (neurorigidity) anılara takılıp kalan yeni deneyimlerden uzak kalan beynin yeni nöron bağlantıları kuramamasıdır.

Yani zihin yapımızı sürekli negatif çalışmaya bıraktığımızda uzun bir sürenin sonunda zihnimizde "negatif" yol izleyecek bir nöron yolu kurmaya başlıyoruz. Gelen nötr bir uyaranı bile negatif olarak algılamaya başlamamız psikolojik değil fizyolojik bir problem haline dönüşmeye başlıyor.

Kısacası beyni zihinsel provalarla yeniden olumluya programlamak mümkün.

Profesör Miceal Ledwith, "Çevremizi nasıl görürsek çevre bize öyle geri döner. Hayatımda şu anda neşe yoksa ona odaklanmadığım içindir" der.

Eğer her gün sinirlenir, her gün didinir, her gün acı çekersen hayatında mağduriyetlere yol açarsın.

171. Sadece sevgi dolu ol

1966 yılında Elliot Aronson, Minnesota Üniversitesi'nde bir deney yapıyor. Deney erkek öğrencilere bir ses kaydı dinletilerek gerçekleştiriliyor. Sesler "College Bowl" adı verilen bir yarışma programına üniversitesini temsilen katılacak öğrencilere ait. Ses kayıtlarını dinleyen katılımcılara hangi adayı daha uygun buldukları soruluyor. Ses kayıtlarında iki tip insan var. Biri oldukça başarılı ve diğeri ise vasat. Yani adaylardan biri "sevilmesi zor" biriyken diğeri "sevilmesi kolay".

Teybi dinlerken deneklere hangisinin yarışma programında yer alması gerektiği sorulduğunda, onlar da daha yetkin olanı tercih ediyorlar. Fakat sonra deneklere "Hangi kişiyi daha çekici buldunuz?" diye de soruluyor.

Sadece teyp kaydı dinlemiş olmalarına rağmen yetkin kişiyi vasat kişiye göre daha çekici buluyorlar.

İşte buna pratfall etkisi deniyor.

Pratfall etkisi psikolojik bir fenomen... Çünkü daha sevdiğimiz kişilerin yaptıkları hataların ya da sakarlıkların onların çekiciliğini gözümüzde daha da artırdığına işaret ediyor. Yani sevmediğimiz kişilerin yaptıkları hatalar gözümüze batıyor ama sevdiğimiz insanların hataları bile onları daha fazla sevmemize neden oluyor.

Bu yüzden önce sevgi dolu ol, karşındaki seni sevdiğinde seni olduğun gibi, yani bütün kusurlarınla sevecektir. Kusurdaki kusursuzluğa uyan artık...

172. Geleneksel ve tamamlayıcı tıbbi tedavinin birlikte kullanılması, ameliyat öncesi anksiyeteyi azaltıyor

Konuyla ilgili yapılan bir araştırma, Hayfa'daki Bna Zion Hastanesi Genel Cerrahi Bölümü'nde yatan 16 yaş üstü 360 ameliyat öncesi hastayla gerçekleştirilmiş. Hastalar üç gruba bölünmüş ve ilk gruba yalnızca ameliyat öncesi geleneksel tedavi uygulanmış. İkinci grup hastalara, geleneksel tedavinin yanı sıra, akupunktur, refleksoloji ve güdümlenmiş görsellik terapisinden birini içeren bir tedavi uygulanmış. Üçüncü gruba ise geleneksel tıbbi tedaviye ek olarak ses kaydı yoluyla güdümlenmiş görsellik terapisi uygulanmıştır.

Nedir güdümlenmiş görsellik terapisi, onu açıklayalım:

Bir sağlık uzmanının, danışan kişide rahatlama duygusu yaratmak amacıyla, onu zihninde belirli görüntüleri canlandırmaya yönlendirdiği terapi şeklidir.

Araştırma sonuçları, geleneksel tedavinin yanında tamamlayıcı tedavi gören hastaların ameliyat öncesi anksiyetesinin ortalama yüzde 60 oranında azaldığını; orta-yüksek anksiyete seviyelerinin, hafif anksiyete düzeyine gerilediğini göstermiş. Yalnızca geleneksel tedavi gören hastaların yüzde 70'inin anksiyete düzeyi ise orta-yüksek seviyede seyretmeye devam etmiş.

Araştırmaya liderlik eden Prof. Lital Keinan Boker, geleneksel ve tamamlayıcı tıp tedavisinin birlikte kullanılmasının, ameliyat öncesi hastalarda anksiyete düzeyini ciddi olarak düşürdüğüne işaret ederek, dileyen hastalara bu yönde tedavi uygulanabileceğini kaydetmiş.

173. Şekerli içecek yerine su

Yapılan bir bilimsel araştırma, gündelik olarak almaya alışılmış şekerli bir içeceğin yerine, aynı miktarda su içilmesinin beden ağırlığını azaltabileceğini ortaya koymuş.

İlginç değil mi?

Şekerli bir içecek yerine sadece aynı miktarda su içerek ağrıları azaltmak mümkün...

Bu araştırmayı, Virginia Tech Üniversitesi Tarım ve Fen Bilimleri Fakültesi misafir öğretim görevlisi, bağımsız gıda danışmanı Kiyah J. Duffey, Kuzey Carolina Üniversitesi'nden Doçent Doktor Jennifer Poti'yle birlikte yapmışlar.

Araştırmada, 19 yaş ve üstü ABD'li bireylerle yapılan ve 2007-2012 yıllarını kapsayan ABD Ulusal Sağlık ve Beslenme Araştırma Anketi verilerinden faydalanılmış. Araştırma kapsamında, bireylerden, günlük olarak içmeye alışık oldukları 200 gr şekerli bir içecek yerine, 200 gr su tüketmeleri istenmiş.

Şekerli içecek (200 gr) yerine aynı miktarda su tüketildiğinde, şekerli içeceklerden alınan toplam kalori oranının yüzde 17'den yüzde 11'e gerilediği görülmüş.

Şekeri bir sembol gibi düşünürsek doğalın dışında var olan her türlü eklenti insan yaşamına bir yük ve yok edilmesi için fazladan enerji harcanması gerekiyor.

Öyleyse doğal dışı tüm unsurlardan maksimum oranda temizlenmiş bir beslenme, metaforik olarak duygu, zihinsel aktivite, sadelik ve yük azalmasına katkı sağlayacaktır.

174. Ekrana bağımlı çocuklar çok mutsuz

Araştırmacılar, ekran önünde çok zaman geçiren çocukların mutsuz olduğunu ortaya koymuştur.

San Diego Devlet Üniversitesi araştırmacıları, bilgisayar oyunu oynamak, sosyal medyayı kullanmak, telefon veya bilgisayarda mesajlaşmak veya görüntülü sohbet etmek gibi ekran başı faaliyetlere fazla vakit ayıran çocukların; spor yapmak, gazete ve dergi okumak ve yüz yüze etkileşimde olmak gibi ekrandan bağımsız faaliyet yürüten çocuklardan daha mutsuz olduğunu saptamışlardır.

Monitoring Future Araştırmaları'nın (Geleceği İzleme Araştırmaları, ABD çapında, Amerikalı ortaokul çocuklarının davranış, tutum ve değerlerini ölçmek üzere 1991 yılından beri sürmekte olan araştırmalara verilen isimdir) yarım milyonu aşkın ABD'li 8, 10 ve 12. sınıf öğrencisiyle gerçekleştirdiği uzun vadeli araştırma sonuçlarının değerlendirildiği çalışmada, en mutlu çocukların ekran karşısında en fazla bir saat vakit geçirdiği tespit edilmiştir. Ekran başında bir saatten fazla vakit geçirmenin çocuklara mutsuzluk getirdiği belirtilirken, diğer yandan tersine bir durumun söz konusu olmadığı, yani, mutsuz çocukların ekrana yöneldiği yönünde bir gözlem yapılmadığı da kaydedilmiştir.

175. Meditasyon genetik ve moleküler değişime yol açıyor

Winsconsin, İspanya ve Fransa'da, Winsconsin Üniversitesi-Madison'un liderliğinde gerçekleştirilen bir araştırma, bir süre farkındalık meditasyonu yapmanın, genetik ve moleküler değişime neden olduğunu ortaya koyuyor.

Araştırmada, 8 saat farkındalık uygulaması yapan meditasyon konusunda deneyimli bir grubun verileri ile aynı zaman aralığında, sakin, fakat meditatif olmayan faaliyetlerle meşgul olan bir grubun verileri karşılaştırılıyor. Peki sonuç ne?

Meditasyon yapan grubun, stresli bir durum sonrasında fiziksel iyileşmeyi hızlandıracak biçimde genetik ve moleküler değişime uğradığı belirtilmiş. Farkındalık meditasyonu yapanların gen ifadesindeki hızlı değişimi ölçen ilk araştırma sayılan bu çalışma, meditasyon sırasında değişime uğrayan genlerin, anti-enflamatuar ve analjezik ilaçların hedefindeki genler olduğuna dikkat çekiyor.

Araştırmaya başlamadan önce yapılan ölçümlerde iki deney grubunun genleri arasında hiçbir fark gözlenmediği kaydedilmiş.

Değişimin, sadece farkındalık uygulaması yapan grupta, uygulamanın hemen sonrasında gerçekleştiği tespit edilmiş. Diğer yandan, bazı DNA-düzenleyen genlerde, iki grupta da hiçbir değişim gözlenmemiş. Fakat, bu araştırmada meditasyonun kısa vadeli etkilerinin ölçüldüğü, uzun dönem meditasyon uygulamasında sonuçların farklı çıkabileceği de ayrıca belirtilmiş.

176. Bağımlılık tedavisinde yeni dönem: Yardım etmek

Gençlerde bağımlılık oranının istatistiksel olarak giderek artıyor olması endişe verici... Reçeteli ilaç bolluğu ve sokaklarda uyuşturucu satımında görülen artış, gençlerin uyuşturucu maddelere erişimini gittikçe kolaylaştırıyor. Case Western Reserve Üniversitesi'nden Maria Pagano ve ekibinin yaptığı bir araştırmada, iki temel spiritüel değerin (manevi sevgi ve başkalarına yardım etme) bağımlılığı olan gençlerin davranışları üzerindeki etkileri incelenmiş.

Araştırma, Ohio'da bir tıbbi tedavi merkezinde bakım gören 14-18 yaşları arasındaki 195 gençle gerçekleştirilmiş. Gençler tıbbi tedavi merkezindeyken haftada yaklaşık 20 saatlik şifa verici aktivitelerde bulunmuşlar. Standart programlara ek olarak "İsimsiz Alkolikler" programı uygulanmış. Gençler her hafta en az üç tane 12 adımlık bir programa katılmışlar.

Tedavi merkezine yatırılırken, taburcu olurken ve taburcu olduktan 6 ay sonra katılımcı gençlerle özel görüşmeler yapılmış.

Sonuçlara göre, taburcu olduktan 6 ay sonra, yardım aktivitelerinde aktif olan gençlerin, yeniden suç işleme ve bağımlılığın nüksetme oranında azalma görülmüş. Ayrıca yardım etmek gençlerin karakter gelişimini olumlu anlamda etkilemiş. Alçakgönüllülük ve liderlik duyguları artmış. Buna ek olarak, manevi sevgi arttıkça yardım etme isteğinin de arttığı görülmüş.

177. "Sürekli gelişim stratejisi" olarak Kaizen

Japonca "gelişim" anlamına gelen Kaizen aslında bir metodolojiden ziyade zihinsel bir felsefe. Bu felsefe kısaca hayatın her alanında stabil ve düzenli gelişmeyi sağlamaya yarayan bir zihniyet.

Yapamadığın bir iş, başlayamadığın bir aktivite için bugünden itibaren sadece 5 dakika ayır. Öttelediğin işe her gün beş dakikanı vermek gelişimi de beraberinde getirir. Bu gelişim için atman gereken adımlar sadece şu şekilde:

1. Standartlaştır: Spesifik bir aktivite için, tekrarlanabilir ve düzenli bir yol bul.

2. Tedbir al: Bulduğun yolun verimli olduğundan emin ol.

3. Karşılaştır: Aldığın tedbirleri ihtiyaçlarınla karşılaştır. Bulduğun yol sana zaman kazandırıyor mu? Yoksa çok mu zaman alıyor? İstenilen sonucu elde edebiliyor musun?

4. Yenilik yap: Aynı işi yapmak ve aynı sonuca ulaşmak için yeni ve farklı yollar ara.

5. Standartlaştır: Bu sefer de bulduğun yeni aktiviteler için tekrarlanabilir ve düzenli bir yol daha bul.

6. Tekrarla: Şimdi başa dön ve adımları tekrar et.

178. Müzik hastalıkların da şifasıdır

Müzik terapi; müzikal seslerin ve melodilerin fizyolojik ve psikolojik etkilerini, çeşitli ruhsal bozukluklara göre ayarlamak suretiyle, düzenli bir metot altında sunan bir tedavi aracıdır.

"İnsanlar içgüdüsel olarak müzikaldir."

Makamların etkileri:

Hicaz makamı: Göğüs bölgesi etki alanıdır. Düşük nabız atımını yükseltir. Alçakgönüllülük duygusu verir. Diyet yapmaya yardımcı olur.

Acemaşiran makamı: Yaratıcılık duygusu ve ilham verir. Durgun düşünce ve duyguları canlandırır. Ağrı giderici ve spazm çözücü özelliği vardır. Gevşemeye yardımcı olur

Uşşak makamı: Kalp, ayak rahatsızlıkları, ağrılara faydalıdır. Gülme, sevinç, kuvvet ve kahramanlık duyguları verir. Derin aşk ve mistik duyguların ifade vasıtasıdır. Uyku ve istirahat için faydalıdır, gevşeme hissi verir. Uyku öncesi uykuya dalmayı kolaylaştırır.

Hüseyni makamı: Güzellik, iyilik, sessizlik, rahatlık verir ve ferahlatıcı özelliği vardır. Barış duygusu verir. Kalp, karaciğer ve mide için faydalıdır. İştah açar.

Rast makamı: Düşük nabzın yükselmesine yardımcı olur. Spazmı çözücü özelliği nedeniyle spastik ve otistik hastaların tedavisinde yararlıdır. İştah açar.

Segâh makamı: Kalbe kuvvet verir. Beyne faydalıdır. Rahatlık ve cesaret verir.

Saba makamı: Şecaat, cesaret, kuvvet ve rahatlık verir.

179. "Aktif yaşlılık" kavramı

Aktif bir yaşamın sadece beden sağlığı üzerinde olumlu etkileri olduğunu söylemek yetersiz olur. Çünkü hareket sadece bedene değil, zihne ve ruha da iyi gelen bir faktör.

Yaş ilerledikçe fiziksel yeterlilik azalsa da aktiviteleri artırmak çok önemli. Çünkü aktif bir yaşamın, yaşlılar üzerindeki etkileri yadsınamaz ölçüde. Konuyla ilgili 2003 yılında bir araştırma da yapılmış.

Araştırma, Konya Merkez Huzurevi ve Akşehir Huzurevi'nde kalan 21'i kadın ve 57'si erkek olmak üzere toplam 78 kişinin gönüllü katılımıyla gerçekleştirilmiş.

Bu programa göre yaşlılar, 8 hafta sürecek bir egzersiz programına alındılar. Aerobik egzersizler içeren bu program haftanın 3 gününde 45'er dakikalık sürelerde uygulandı. Çalışmanın başında ve sonunda elde edilen bulgular karşılaştırılarak değerlendirildi.

Peki sonuç ne?

8 haftalık egzersizlerin yaşlılar üzerinde oldukça olumlu etkileri görüldü. Katılımcıların yaşam doyum düzeylerinde cinsiyet farkı gözetmeksizin anlamlı derecede artış olduğu saptandı.

Araştırmacılar bunun sebebi olarak, egzersizlerin yaşam sevinçlerini yeniden kazanmalarına ve bundan kaynaklı mutlu hissetmelerine neden olduğunu açıkladılar.

Kısacası hayattan zevk almanın yollarını bulmak çok önemli... Yaşam doyumunu artıracak nedenleri bulmak ve uygulamak da tabii ki emek isteyen bir iş.

180. Yaratıcı drama

Stres, sadece yetişkinlerin değil öğrencilerin de başlıca sorunu. Ne yazık ki stres faktörü artık öğrencilerin hayatında oldukça geniş bir yer tutuyor. Dersler, gelecek kaygısı, ebeveyn baskısı, belirsizlik, rekabet ve korkular...

Stresle baş edebilmek için önerilen farklı yöntemlerin yanı sıra, birçok alanda kullanılan ve kişilerin sosyal gelişimine faydası bulunan Yaratıcı Drama Çalışması'nın pozitif etkilerinin olabileceği üzerinde bilimsel olarak da duruluyor.

Stresle Baş Etme Yaratıcı Drama Programı'nın stres üzerindeki etkisinin ölçülmek istendiği bir araştırmada, Aksaray Üniversitesi'nde okuyan stres düzeyi yüksek öğrencilerden gönüllü bir grup üzerinde çalışma yapılmış. 17-25 yaş aralığında 18 öğrenci ile yapılan çalışmada önce ön testler yapılmış. Program 9 hafta boyunca, haftada bir gün ve 90 dakika olarak uygulanmış.

Çalışmanın sonucunda, öğrencilerin aktif planlama (aktif olarak bir şeyler yapma, eylem planları oluşturma), kaçma-soyutlama (stresle başa çıkabilmek için sigara, alkol, ilaç ve uyuşturucu gibi yöntemlere başvurma) ve kabul bilişsel yeniden yapılanma (problemin farkına varılıp, bilişsel olarak yeni çözüm yollarının aranması) başlıklarında olumlu etkileri olduğu görülmüş.

Yaratıcı drama, stresle baş etme konusunda destek sağladığı gibi farkındalığı da artırıyor ve sosyal yönden gelişmeye imkân tanıyor.

181. Bitkiler fiziksel teması hissediyor

Avustralya'da yapılan bir araştırma, bitkilerin fiziksel teması hissedebildiğini kanıtlıyor. Hatta bitkilerin fiziksel teması hissetmekle kalmadığı, aldığı uyaranlara bağlı olarak, bazı fizyolojik ve genetik değişimler de geçirdiği tespit edilmiş.

Western Avustralya Üniversitesi araştırmacılarından Oliver Van Aken, bitkilerin, kendilerine yönelik her tür temasa hızla tepki verdiğini açıklamış.

Önceki araştırmalar, bitkilerin, böcekler tarafından çiğnendiğini "duyduğunu" ve bu süreci durdurmak için birtakım kimyasallar salgıladığını göstermiş. Ayrıca, bir tür yeraltı mantarı ağı yoluyla bitkilerin birbiriyle iletişim kurduğu da anlaşılmış.

Bitkilerin başka hangi uyaranlara tepki verebileceğini ölçen araştırmacılar, bitkileri cımbızla sıkıştırmış, yumuşak şekilde okşamış ve sonuç olarak bitkilerin, bu uyaranlara benzer tepkiler verdiklerini tespit etmiş.

Bitkilerin, çevrede oluşan tehlikeyi algılayarak, tehdide uygun tepkiler verebildiği de belirtilmiş.

Araştırmanın en önemli bulgularından bir tanesi de bitkilerin fiziksel temasa tepki vermesini önleyen iki proteinin keşfedilmesi...

Gelecekte sera gibi kontrollü ortamlarda bitki yetiştirirken bu proteinlerden faydalanılabileceği kaydedilmiş. Söz konusu proteinlerin yardımıyla, bitkinin "tehlike" uyaranına karşılık vererek genlerini değiştirmesinin önlenebileceği açıklanmış.

182. Plasebo etkisi kırık kalbini onarabilir

Colorado Boulder Üniversitesi araştırmacıları, sadece eski sevgili acısını atlatmak için bir şeyler yapıldığını düşünmenin bile hissedilen acıyı azaltabileceğini öne sürüyor. Yapılan araştırmaya son altı ayda romantik bir ayrılık yaşayan 40 kişi katılmış. Yanlarında eski sevgililerinin ve aynı cinsiyetten yakın bir arkadaşlarının birer fotoğrafını getirmeleri istenmiş. Katılımcılar Fonksiyonel Manyetik Rezonans Görüntüleme (fMRI) makinesinin içindeyken, onlara eski sevgililerinin fotoğrafı gösterilmiş ve ayrılıklarını düşünmeleri istenmiş. Daha sonra yakın arkadaşlarının fotoğrafı gösterilmiş. Ayrıca kollarına sıcaklık vererek fiziksel acı sağlanmış.

Bütün bu uyarıcılar dönüşümlü olarak tekrar edilmiş ve bu esnada katılımcıların beyin aktiviteleri ölçülmüş. Daha sonra katılımcılar makineden çıkarılmış ve herkese burun spreyi sıkılmış. Katılımcıların yarısına (plasebo grubu) bu spreyin "duygusal acıyı azaltmak için güçlü bir ağrıkesici" olduğu söylenmiş. Diğer yarısına sadece tuz solüsyonu olduğu söylenmiş.

Sonuçlar ilginç...

Bire bir aynı olmasa da, beyinde fiziksel acı esnasında aktive olan yerlerin duygusal acı esnasında da aktive olduğu saptanmış. Plasebo grubundaki kişiler sadece daha az fiziksel ve duygusal acı hissetmekle kalmamış, eski sevgililerinin fotoğraflarına bakınca beyinleri farklı tepkiler vermiş.

Kısacası bir şeyi yeterince düşünürsen ve inanırsan, onu gerçek kılabilirsin!

183. Sevdiğinizin kokusu, stres seviyenizi düşürebilir

British Columbia Üniversitesi Psikoloji Bölümü araştırmacıları, fiziksel olarak ortamda bulunmasa bile sevgili kokusunu duymanın stres seviyesini düşüren bir faktör olduğunu keşfettiler.

96 çiftle gerçekleştirilen araştırmada, erkeklerden diledikleri deodoran veya vücut ürününü kullanarak tişört giymeleri ve 24 saat boyunca üzerlerinden çıkarmamaları istenmiş. Sigara içmemeleri ve beden kokusunu etkileyecek gıdalar almamaları söylenmiş. 24 saatin sonunda, katılımcıların çıkardıkları tişörtler, kokusunu muhafaza etmek üzere soğutuculara konmuş. Sonrasında, kadın katılımcılardan, biri hiç giyilmemiş diğeri giyilmiş (kendi partnerlerine veya başkasının partnerine ait) tişörtleri koklamaları istenmiş. Koklama duyuları erkeklerden daha güçlü olduğu için bu koku testi, kadın katılımcılarla yapılmış.

Her iki gömleği de koklayan katılımcıların stres seviyesini artırmak için zihinden bazı matematik problemleri çözmeleri istenmiş ve kortizol seviyeleri ölçülerek, stres düzeyleri belirlenmiş. Araştırma sonucunda, deney sırasında partnerine ait tişörtleri koklayan katılımcıların stres seviyesinin, diğer katılımcılara oranla daha düşük olduğu tespit edilmiş. En yüksek stres düzeyi ise yabancının tişörtünü koklayan katılımcılarda ölçülmüş.

Araştırmacılardan Doçent Doktor Frances Chen, bir süre için sevdiklerinden uzak kalmak zorunda kalanlara, onları kokularını taşıyan bir kıyafetten faydalanarak stres seviyelerini düşürülebileceğini hatırlatıyor.

184. Acıyı zihninde bitir

Journal of Pediatric Psychology'de yayımlanan yeni bir araştırmada, sanal gerçekliğin 10-21 yaş arası çocuklarda kan alma prosedürü esnasında yaşanan ağrı ve endişeyi nasıl etkilediğiyle ilgili bir çalışma yapıldı.

Çalışmada hastalar, bakıcılar ve flebotomistlerden (kan alma ve damar uzmanı) oluşan 143 kişi, rutin kan alma prosedürü esnasında rasgele bir tutumla ya sanal gerçeklik ya da standart bakım seçeneğine tabi tutuldu. Hastalar ve bakıcıları prosedür öncesi ve sonrası ağrı, anksiyete ve memnuniyetleri üzerine değerlendirmelerde bulundular. Ayrıca flebotomistler hastaların prosedür esnasındaki deneyimleri de değerlendirildi.

Sonuçlar hastaların sanal gerçeklikle beraber kan aldırdıklarında, standart bakıma kıyasla daha az ağrı ve anksiyete yaşadıklarını ortaya koydu. Hastalar ve bakıcılar bu uygulamadan oldukça memnun kaldılar.

Sanal gerçeklik, özellikle pediatrik hastalar için, kan aldırma deneyimini çok daha az rahatsız edici ve ağrısız bir deneyim haline getirmekte tıp dünyasında önemli bir rol oynayabilir.

"Yeni düşünceleri ortaya çıkaran hayal gücü bilinçten önemlidir."
– Albert Einstein

185. Yeni gençlik iksiri: Yüz yogası

Yapılan bir araştırma, yüz yogası veya yüz egzersizini düzenli olarak uygulamanın, daha genç görünmeyi sağladığını ortaya koydu.

Northwestern Üniversitesi, Feinberg Tıp Fakültesi Dermatoloji Bölümü araştırmacıları tarafından yapılan çalışmada yaşları 40 ile 65 arasında değişen 27 orta yaşlı kadın katılımcıya, gülümsemek veya yanakları içe çekmek gibi basit 32 yüz egzersizi öğretildi. Sonrasında, katılımcılardan, bu alıştırmaları, sekiz hafta boyunca, her sabah 30 dakika yapmaları istendi. Dokuzuncu haftadan itibaren, katılımcılardan, alıştırmaları iki günde bir (haftanın 3 veya 4 günü) yapmaları ve toplamda 20 hafta boyunca bu rutini sürdürmeleri istendi.

Araştırma öncesi ve sonrasında katılımcıların fotoğrafları da çekilmiş ve birkaç doktor, fotoğrafları, yüz ve boyundaki yaşlılık belirtilerini incelemek suretiyle değerlendirmiş. 20 haftanın sonunda, katılımcıların yanaklarının dolgunlaştığı tespit edilmiş. Yanaklardaki dolgunlaşma, katılımcıların daha genç görünmesine katkıda bulunmuş.

Araştırma bulguları, kişilerin herhangi bir müdahaleye veya toksik maddeye maruz kalmadan, evde kolaylıkla yapabilecekleri alıştırmalarla, yüzlerinde hacim kaybı oluşmasını yavaşlatabileceğini veya yüzlerindeki hacmi artırabileceklerini göstermiştir.

186. Mikroplar her zaman kötü değildir

Günümüzde alerji çok yaygın bir rahatsızlıktır. Çoğu insanın doğuştan gelen veya zamanla gelişen, birtakım yiyeceklere, kokulara, bazı ilaçlara alerjisi olabiliyor. Yapılan iki araştırmada, çocukların birtakım alışkanlıkları ve yaşadığı bölgelerin atopiyi (bir kişinin taşıdığı genetik özellikler nedeniyle alerji gelişimine eğilimli olması) nasıl etkilediği incelenmiş.

İlk araştırmada 0,5-20 yaşlarında 1044 bebek, çocuk ve genci barındıran dört çalışma incelenmiş. Ortaya çıkan alerji oranı ve yaşadıkları bölgeler (kentsel, kırsal vs.) karşılaştırılmış. Sonuçlar, yaşanılan evin etrafındaki ormanlık ve tarımsal alan ne kadar az ise, kişilerde görülen atopi riskinin o kadar fazla olduğunu göstermiş. Çocukların erken yaşta doğaya (dolayısıyla da bağışıklık sistemini güçlendiren çevresel mikroplara) maruz kalmasının önemi anlaşılmış.

Sonuçlara göre, daha sık parmak emen ve tırnak yiyen çocukların, hem çocukluk döneminde hem de yetişkinlik döneminde atopi riski daha az oluyor.

Sonuç olarak çocuklarda doğayla iç içe olma, parmak emme ve tırnak yeme gibi faktörler, çocukların daha çok mikroba maruz kalmasına sebep oluyor, bu da bağışıklık sistemlerini güçlendiriyor. Dolayısıyla da bu çocuklarda meydana gelebilecek alerji gelişimi riski azalıyor.

187. Topraklamanın insan sağlığındaki önemi

İç hastalıkları uzmanı Gökşin Balım çeşitli araştırmalara dayanarak yazmış olduğu yazıda topraklamanın insan sağlığı üzerindeki öneminden bahsediyor.

Elektrik iletim hatlarında meydana gelebilecek elektrik kaçağının bir iletkenle toprağa verilmesini sağlayan sisteme topraklama denir. Peki insanların da topraklamaya ihtiyacı var mıdır? Topraklama (grounding) sağlık kapsamında çıplak ayakla yere basmaya eşdeğerdir. Bazen biriyle temas ettiğimizde veya kapı koluna dokunduğumuzda hissettiğimiz elektrik çarpması, vücutta fazla miktarda pozitif iyon birikmesinden kaynaklanır. Sinir sistemimizin iletişimi elektriksel aktivitelerle gerçekleşiyor. Vücutta aşırı elektrik yüklenmesi durumunda, bazı düşük voltajlı sinir sistemleri bundan olumsuz etkilenebiliyor.

Baz istasyonları, bilgisayarlar ve kablosuz bağlantılara ilişkin meydana çıkan elektromanyetik yüklenmeler veya iyi havalandırılmamış alışveriş merkezlerinde dolaşmak kendimizi yorgun hissettirir. Öte yandan açık havada vakit geçirmek, doğayla iç içe olmak enerjimizi ve mutluluğumuzu artırır. Çünkü topraklama doğanın bize sunduğu en güçlü antioksidandır. Yerküredeki negatif iyonlar, vücudumuzda biriken pozitif iyonların dengelenmesini sağlar, böylelikle kendimizi çok daha iyi hissederiz.

Doğayla bağlantını asla koparma. Bulduğun her fırsatta ayakkabını çıkarıp zeminle temas kur. Kum, toprak, çimen, orman, deniz; kısaca yerküre senin, ondan faydalanmayı ihmal etme...

188. Spontane iyilik mi, planlı iyilik mi?

Harvard Üniversitesi Psikoloji Doktoru David Rand, Sosyal Bilimler Bölümü'nden Doç. Dr. Joshua Greene, Doç. Dr. John Hazel, Doç. Dr. Ruth Hazel ve Evrim Dinamikleri Programı Başkanı Profesör Martin Nowak, binlerce kişiden oluşan bir grupla "iyilik oyunu" adını verdikleri bir deney gerçekleştirmiş.

Katılımcılar küçük gruplara ayrılmış ve her birine bir miktar para da verilmiş. Dileyenin parayı kendine saklayabileceği, dileyenin ise hayır işi yapılmak üzere toplanan paraya katkıda bulunabileceği söylenmiş. Acele davrananlar, parayla ne yapacağını düşünenlere kıyasla daha fazla yardım etme isteği duymuşlar ve yardım için toplanan paraya katkıda bulunmuşlar.

Son olarak, gruplar yine ikiye ayrılmış ama bu kez ilk gruba yardımda bulunurken içsesini dinlemesi, diğer gruba da mantık yürüttükten sonra yardımda bulunması söylenmiş. Sonuç olarak, içsesine kulak verenlerin, mantık yürütenlere kıyasla daha fazla yardımda bulunduğu gözlenmiş.

Dr. David Rand, insanların günlük hayatında, işbirliği yapmayı içselleştirdiğini, saygınlık veya yaptırım gibi kriterler işin içine girmediğinde, iyilik yapmaya meyilli olduğunu savunmuş. Rand'e göre yapılacak iyilik hakkında düşünmeye başlamak, daha az iyilik yapmaya neden oluyor.

189. İşyerinde yapılan küçük iyi niyet gösterilerinin olumlu etkileri

Kaliforniya Üniversitesi tarafından, Joseph Chancellor liderliğinde bir araştırma yapılmış. Coca-Cola'nın Madrid fabrikasında, çoğunluğunu kadın çalışanların oluşturduğu katılımcı grubuyla gerçekleştirilen araştırmada katılımcılara, mutlulukla ilgili bir araştırmaya dahil oldukları açıklanmış ve dört hafta boyunca, haftada bir kez "ruh hali, yaşam tatmini, olumlu ve olumsuz tutum algılaması" kriterlerinin göz önünde bulundurulduğu birer anket doldurmaları istenmiş.

Katılımcılardan habersiz olarak, grubun yarısı kontrol grubu, diğer yarısı deney grubu olarak seçilmiş. 19 kişi ise "iyilik grubu" olarak belirlenmiş ve onlardan deney grubunda yer alan iş arkadaşlarına gün içinde iyilik gösterilerinde bulunmaları istenmiş.

Bir ay sonra yapılan değerlendirmede, iyi niyet gösterilerinin, iyi niyete maruz kalan kişiler tarafından fark edildiği anlaşılmış. İyi niyet gösterilerine maruz kalan kişiler, işyerinde daha az baskı hissettiğini belirtmiş.

Kısacası, araştırmada iyi niyet gösterenlerin olumlu değerleri, iyi niyete maruz kalanlardan daha yüksek çıkmış. Bir ay sonra yapılan ankette, iyi niyet gösteren grubun, daha fazla iş ve yaşam tatmini hissettiği ve daha az depresyon belirtisi gösterdiği saptanmış.

Böylece iyilik yapmanın, iyiliğe maruz kalmaktan daha olumlu sonuçlar verdiği bilimsel olarak da kanıtlanmış.

190. Şükretmenin önemi

Kaliforniya Üniversitesi'nden Dr. Robert A. Emmons ve Miami Üniversitesi'nden Dr. Michael E. McCullough şükretmenin psikolojik ve fiziksel etkilerini araştırmış.

Yaptıkları bir çalışmada, 192 üniversite öğrencisine rasgele bir şekilde üç farklı koşulun olduğu anketler dağıtılmış. Katılımcıların anketleri 10 hafta süresince tamamlamaları istenmiş. Şükretme grubuna o hafta başlarına gelen, minnettar oldukları 5 şey yazmaları söylenmiş. Zorluk grubuna yaşadıkları güçlükleri, etki grubuna da o hafta bir şekilde etkilendikleri olumlu ya da olumsuz 5 durumu yazmaları istenmiş.

10 haftanın sonunda, şükretme grubundaki katılımcıların diğer iki gruba göre, kendilerini genel olarak daha iyi hissettikleri ve bir sonraki haftaya yönelik beklentilerine karşı daha iyimser oldukları görülmüş. Ayrıca şükretme grubundaki katılımcılar daha az fiziksel sıkıntı çektiklerini ve daha çok egzersiz yaptıklarını bildirmiş.

Araştırma sonuçları, sahip olduklarımız için şükretmenin ruhsal ve fiziksel sağlığımızı pozitif anlamda etkilediğini gösteriyor. İşte şükretme koşulundaki kişilerin yazdıklarına birkaç örnek: "Yeni bir güne uyanmak", "Arkadaşlarımın cömertliği", "Harika ebeveynlere sahip olmak", "The Rolling Stones". Sen de her hafta minnet duyduğun 5 şeyi yazarak, daha mutlu ve sağlıklı olabilirsin...

191. Biraz meditasyon biraz spor

Galler'in Cardiff Üniversitesi'ndeki Cochrane Kamu Sağlığı Enstitüsü ve Deneysel Araştırma Merkezi ile Cambridge Üniversitesi Psikiyatri Fakültesi araştırmacıları tarafından yürütülen çalışmada, sevgi-iyilik meditasyonu ile hafif fiziksel egzersizin, mutluluk ve iyikseverlik üzerindeki etkileri araştırılmıştır.

809 kişiyle yürütülen kontrollü araştırmada, katılımcılar iki gruba ayrılmıştır. Bir grup video şeklinde hazırlanan talimatlı meditasyonları uygulamış, diğer gruba ise yine video aracılığıyla hafif egzersiz programı sunulmuştur. Daha sonra, katılımcılardan araştırma anketlerini doldurmaları ve online forumlara katılmaları istenmiştir. İyikseverlik düzeyini ölçmek için, katılımcılara 10 sterlin verilmiş ve dileyenlerin, bu tutarın yarısını bir yardım kuruluşuna bağışlayabilecekleri belirtilmiştir.

Araştırma sonuçlarına göre, meditasyonun da, fiziksel egzersizin de kişinin mutluluğu üzerinde olumlu etkileri olmuştur. Diğer yandan, meditasyon uygulamasını yapanların anksiyete seviyesinin, fiziksel egzersiz yapanlara oranla daha düşük seyrettiği, daha fazla özgüvene sahip olduğu, ayrıca yardımda bulunmaya daha yatkın olduğu gözlenmiştir.

192. Yetişkinler de masal sever

Bologna Üniversitesi, aynı zamanda Modena ve Reggio Emilia Üniversitesi araştırmacıları, peri masallarının anlatım biçimini ve içerdiği metaforları bir grup ortamında kullanarak kişilerin psikolojik sağlığını ve gelişimini etkilemek için kullanmak istemiş.

Yapılan çalışmada 21 kadına, bir grup ortamı içerisinde 7 seans uygulanmış. Çalışmaya katılan kadınlar yaşadıkları stresli bir olay (işsizlik, işe bağlı stres, ayrılık, boşanma vs.) sonrası uyum bozukluğu (depresif duygu durum, ağlamaklılık, umutsuzluk...) teşhisi konulan kadınlarmış.

İlk 5 seansta farklı peri masalları tartışılmış, karakterlerin rolleri, çatışmalar, dinamikler vs. ele alınmış. Halkbilimci hikâyeleri anlattıktan sonra klinik psikolog hikâyelerin duygusal ve psikolojik yönlerinden bahsetmiş. Son 2 seansta ise katılımcılardan grup halinde 2 tane orijinal masal yazmaları istenmiş.

Sonuçlar değerlendirildiğinde katılımcıların kişisel gelişim ve kendilerini kabul etme oranının arttığı görülmüş. Hayata ve kişisel güçlerine verdikleri değer ve farkındalık artmış. Ayrıca çalışmaya katılan kadınların genel anksiyete seviyelerinde önemli oranda azalma görülmüş.

Sonuç olarak peri masalları, uyum bozukluğu yaşayan kadınlara, duygusal sorunları ve kişisel gelişimleri açısından yardımcı olmuş. Araştırmacılar peri masallarının psikoterapi alanında bir grup ortamında kullanılabileceğini söylüyor.

193. Kadınlara destek

Âdet öncesi disrofik bozukluk (PMDD) kadınların âdet öncesi yaşadıkları ağır ruhsal durum değişiklikleridir. Kadınların her ay yaşadığı bu semptomlar kimi zaman çekilmez hale gelebilir. Kuzey Carolina Üniversitesi'nden Karen Bluth ve ekibi, farkındalık temelli stres azaltma programının bu semptomları nasıl etkileyeceğini görmek istemiş.

Çalışmaya PMDD semptomları gösteren 21 kadın katılmış. Bu katılımcılara 8 haftalık farkındalık temelli stres azaltma programı uygulanmış. Program, farkındalık meditasyonu, yoga egzersizleri, nefes teknikleri, yürüme meditasyonu içeriyormuş.

Programdan önce ve sonra katılımcılara ağrı seviyesi, farkındalık, depresyon, anksiyete, öz-şefkatle ilgili sorular içeren anketler doldurulmuş. Buna ek olarak laboratuvar ortamında kadınların ağrı eşiği, tansiyon değerleri, zihinsel stres faktörlerine verilen kardiyovasküler tepkileri ölçülmüş.

8 haftalık farkındalık eğitiminin sonunda, kadınlarda PMDD kaynaklı ortaya çıkan 11 temel semptomun 7'sinde büyük ölçüde azalma görülmüş. Çalışmaya katılan kadınların ağrı eşiğinin arttığı saptanmış. Ayrıca zihinsel strese tepki olarak ortaya çıkan kan basıncında azalma görülmüş. Çalışmaya katılan bütün kadınlar, öğrendikleri stres azaltma becerilerini, çalışmadan sonra günlük hayatlarında da kullandıklarını bildirmiş.

194. Güzel hisset mutlu ol

Bazı kişiler, daha iyi görünen kişilerin daha mutlu olduğunu düşünüyor olabilir. Oysa araştırmalar, kişilerin mutluluğunun, "odaklanma illüzyonu" olarak nitelendirilen kritere bağlı olduğunu göstermiş.

Yapılan bir araştırmada, odaklanma illüzyonunun, beden memnuniyeti ve yaşam doyumu üzerindeki etkisi incelenmiş. Araştırmada, beden memnuniyeti ve yaşam doyumu düzeyleri, odaklanma illüzyonunu maniple etmek suretiyle verilen anketler yoluyla değerlendirilmiş. Diğer bir deyişle; katılımcılardan bir gruba öncelikle Beden Memnuniyeti Ölçeği anketi, daha sonra Yaşam Doyumu Ölçeği anketi verilmiş; diğer gruba ise önce Yaşam Doyumu Ölçeği anketi, daha sonra Beden Memnuniyeti Ölçeği anketi verilmiş.

Polonya'daki Poznan Üniversitesi Psikoloji Enstitüsü ve İskoçya'daki Stirling Üniversitesi araştırmacılarının birlikte yürüttüğü araştırmaya 19-37 yaş aralığında 97 (yüzde 71,1'i kadın) öğrenci gönüllü olarak katılmıştır.

Araştırma sonuçları tam da beklenen gibi çıkmış. Görüntülerine güvenen kişilerin yaşam doyumlarının, kendini çok da güzel bulmayanlardan daha fazla olduğu gözlenmiş.

195. Sağlıklı beslenme enflamasyonu yok ediyor

Yapılan bir bilimsel araştırmayla sağlıksız beslenmenin, uzun vadede bedenin savunmasını agresif hale getirdiği saptanmış.

Almanya'daki Bonn Üniversitesi ile Alman Nörodejeneratif Hastalıklar Merkezi'nin ortaklaşa yürüttüğü çalışmada, kobay farelere bir ay boyunca "Batı diyeti" adıyla bilinen, yüksek yağlı, yüksek şekerli ve düşük lifli gıda verilmiş. Bu beslenme tarzının, tüm bedende güçlü bir enflamasyonun gelişmesine neden olduğu ve bu enflamasyonun, tehlikeli bakteri yoluyla oluşan enfeksiyonla büyük benzerlik gösterdiği kaydedilmiş.

Ayrıca, araştırma çerçevesinde gerçekleştirilen genomik çalışma, Batı beslenme tarzının, progenitor hücrelerde çok sayıda geni faal hale getirdiğini ortaya koymuş. Genlerin iltihaplanmanın hızlanmasından sorumlu genler olduğuna işaret edilmiş. Batılı beslenme türünün, bedenin hızlı ve güçlü biçimde savunmaya geçmesine sebep olduğu belirtilmiş.

Kobaylara dört hafta boyunca tipik tahıllı diyet uygulanmasının ardından ise akut enflamasyon yok olmuş. Öte yandan, sağlıksız beslenme sonucu bağışıklık hücrelerinde oluşan genetik programlama yok olmamış. Normal beslenmeye dönülen dört haftanın sonunda bile sağlıksız beslenmeyle tetiklenen genler hâlâ faal olmaya devam etmişler.

Olumsuz değişimin uzun vadeli etkilerinin, Batı diyetinin tüketimi neticesinde oluşan damar sertliği ve diyabet gibi hastalıkların oluşmasından kaynaklanıyor olabileceği ifade edilmiş.

196. Meditasyon ve beyindeki alfa ritmi

Beynimiz bilgi akışını düzenlemek için bazı frekanslar, dalgalar kullanıyor. Bu frekanslardan biri olan alfa ritmi kortekste dokunma, görme, duymayı işleyen hücrelerde aktif. Daha önce yapılan bazı araştırmalarda dikkatin alfa ritmini ayarlamaya yaradığı, dolayısıyla duyusal algıları da ayarlamak için kullanılabileceği görülmüş. Ayrıca farkındalık meditasyonu dikkat temelli işlerde performansın artışıyla ilişkilendirilmiş.

Massachusetts Genel Hastanesi, Harvard Üniversitesi Tıp Fakültesi ve Massachusetts Teknoloji Enstitüsü'nden araştırmacılar bu bilgilerden yola çıkarak, meditasyon eğitiminin, insanların beynindeki alfa ritminin zamanlaması ve keskinliğini nasıl etkilediğini incelemiş.

Çalışmaya daha önceden herhangi bir meditasyon deneyimi olmayan 12 sağlıklı yetişkin katılmış. Altı kişiye, 8 haftalık farkındalık temelli stres azaltma programı uygulanırken diğer altı kişi (kontrol grubu) bu süreçte hiç meditasyon yapmamış.

Oldukça detaylı veriler sağlayan bir beyin tarama tekniği olan manyetoensefalografi (MEG) aracılığıyla, katılımcıların çalışmadan önce, çalışma sırasında ve sonrasında alfa ritimleri incelenmiş.

8 haftanın sonunda, meditasyon eğitimini tamamlayanlarda, dikkate bağlı alfa ritmi değişikliklerinin çok daha keskin ve hızlı olduğu görülmüş.

Yani, farkındalık meditasyonu alfa ritmini güçlendiriyor, bu şekilde uyarıcılarla dolu dünyada dikkat dağıtıcı unsurların bastırılmasını sağlayıp, kişilerin genel performansını artırıyor.

197. Sanatın matematiği

Bulgaristan'da Dr. Georgi Lonunou tarafından, ilköğretim öğrencilerine özel bir eğitim programıyla birkaç haftalık sürede, 2 yıllık okuma yazma ve matematik programı uygulanarak bir araştırma yapıldı. Bu araştırmada, müziğin matematiksel işlem yeteneğine katkısı incelendi.

Sonucunda da görüldü ki, müzikle desteklenen çocuklar birkaç haftada okuma ve yazmayı öğrendiler ve bunun yanı sıra ileri düzeyde cebir problemlerini çözmeyi başardılar.

Başka bir çalışmada ise ilkokul öğrencileri müzik destekli hızlı öğrenme programına alındı ve okuma yazma ile matematik konusundaki başarılarında olumlu yönde artış olduğu gözlemlendi.

Deney grubu öğrencilerine 8 hafta boyunca sözü ve müziği araştırmacılar tarafından oluşturulmuş şarkılar eşliğinde 3. sınıf matematik dersi programında yer alan "doğal sayılarla çarpma işlemi" öğretilmiş. Kontrol grubundaki öğrenciler ise geleneksel yöntemlerle ders işlemişler.

Deney grubundaki öğrenciler şarkıları dinleyip söyleyerek derse aktif olarak katılım göstermişler. Aynı zamanda bu öğrencilerin duyusal boyutta derse yönelik izlenimlerini yansıtmaları için her ders sonunda "yansıtıcı günlükler" tutturulmuş.

Araştırmanın sonunda görülmüş ki müzik çocuklara algılama, tekrarlama, dinleme becerisi kazandırıyor. Dikkati bir noktada yoğunlaştırmaya ve dikkat sürelerinin uzamasına destek oluyor. Öğrenmenin daha kolay ve daha eğlenceli hale gelmesini sağlıyor.

198. Etkin ilaç: Bir doz gülümseme

Alberta Üniversitesi'nden William B. Strean, gülmenin tıp dünyasında tamamlayıcı tedavi olarak kullanılması yaygınlaşsa da, hâlâ tamamen kabul görmediğini söylüyor. Oysa gülmek, acısız, yan etkisiz ve en kolay tedavi biçimi.

Yapılan araştırmalar kahkaha ve mizahın beynin duygu ve ödül merkezlerini tetikleyerek, dopamin, serotonin ve endorfin hormonları salgılanmasını sağladığını ortaya koyuyor. Dopamin beynin duygusal tepkileri işlemesine ve keyif hissinin artmasına, serotonin ruh halinin iyileşmesine, endorfin ise ağrı ve stresin azalmasına katkı sağlayarak insan sağlığını olumlu etkiliyor. Bütün bunlara bağlı olarak bağışıklık sistemi olumlu anlamda etkileniyor. Kahkaha atmak nefes alıp vermeyi düzenlediği gibi, akciğerleri temizlemenin de en hızlı ve kolay yolu.

Kahkahanın olumlu etkileri temel alınarak, 1995 yılında, sakinlik, odaklanma ve enerjiyi tetikleyen, vücudu ve zihni şarj eden kahkaha yogası geliştirilmiş. Kahkaha yogası gülmenin beraberinde gelen pozitif fizyolojik etkileri mizah olmadan da başarıyor.

Bu gidişle gülme terapisinin tamamlayıcı ve alternatif tıptaki yeri gitgide büyüyecek gibi görünüyor.

199. Kendini tanı

Max Planck Institutefor Human Cognitiveand Brain Science (Almanya'da bir araştırma enstitüsü) ve Julius Maximilians Würzburg Üniversitesi'nden Anne Böckler ve ekibinin yürüttüğü araştırmada, perspektif kazanma eğitiminin, başka insanların ruhsal durumlarını anlamak üzerindeki değeri test edildi.

Üç ay boyunca, 20 ile 55 yaş aralığındaki 80 ve 81 katılımcıdan oluşan iki gruba perspektif kazanma yeteneklerini nasıl geliştireceklerini öğretmek için çeşitli yöntemler kullanıldı. Eğitim, Internal Family Systems (İçsel Aile Sistemleri) modelinden esinlenerek uygulandı. Bu sistem insanın farklı karmaşık içsel katmanlardan veya alt-kişiliklerden oluştuğunu, her bir alt-kişiliğin kendine özgü davranışları, düşünceleri ve duyguları olduğunu söyler.

Katılımcıların eğitim sonrasında, kendi kişiliklerindeki "içsel yönetici" ve "içsel çocuk" gibi temel içsel katmanlarını kolaylıkla tespit edebildikleri görüldü. Katılımcılar kişiliklerini ve içsel kısımlarını daha iyi anladıkça, başkalarının ruhsal durumlarını daha iyi anlayabilecek hale geldiler.

Açıkçası, başkalarına karşı olan bakış açısını geliştirmek, içsel denge, psikolojik sağlık ve sosyal zekâyı kuvvetlendiriyor.

Kendini ne kadar iyi tanırsan, dünyaya bir başkasının gözünden bakman o kadar kolaylaşır...

200. İyilik katlanarak artıyor

Kiderra, Kaliforniya Üniversitesi, San Diego Üniversitesi ve Harvard Üniversitesi araştırmacıları, iyiliğin bulaşıcı olduğunu, hatta iyiliğin katlanarak arttığını bilimsel olarak ortaya koydular. 8 Mart 2017 tarihinde, Proceedings of the National Academy of Sciences (Ulusal Bilim Akademisi Tutanakları) adlı internet dergisinde ilk bulguları yayınlanan araştırmada, iyilik yapmanın, sadece iyilik yapılan kişiyi mutlu etmekle kalmadığı, aynı zamanda dalgalar halinde yayılarak, onlarca kişiyi olumlu etkileyen bir iyilik ağı kurulmasına yol açtığı gözlendi.

Söz konusu araştırma, biri, bir başkasına para yardımı yaptığında, gelecekte para yardımı yapılan kişinin de başkalarına para yardımında bulunma ihtimalinin yüksek olduğunu gösterdi. Yardım etmenin domino etkisi yarattığı ve tek bir kişinin cömertliğinin, ilk etapta 3 kişiyi, sonrasında 9 kişiyi ve arkasından da onlarca kişiyi etkilediği kaydedildi.

Bir iyilik yapmanın, kişinin eski bencil haline dönmesine de mâni olduğu belirtilirken, yapılan yardımın, dolaylı veya dolaysız olarak ilk etapta üçe katlandığı gözlenmiş. Bu oranın gerçek yaşam koşullarında daha az veya daha büyük oranda gerçekleşebileceğine de işaret edilmiş.

201. Zihinsel egzersiz

Max Planck Institutefor Human Cognitiveand Brain Sciences, farklı zihinsel egzersizlerin beyin, beden ve sosyal davranışlar üzerindeki etkilerini görmek için, ReSource Project adında geniş kapsamlı bir araştırma yaptı. ReSource Project 3 ay süreli 3 farklı modülden oluşan bir eğitim programıydı.

Birinci modül, farkındalık temelli dikkat ve iç duyum üzerine odaklanıyordu. İkinci modül, merhamet, şükran ve zorlu duygularla baş etme gibi sosyal-duygusal yetkinliklere odaklanıyordu. Üçüncü modül ise, üstbilişle (kişinin kendi düşünme süreçlerinin farkında olması) birlikte, kendilerine ve başkalarına dair bakış açısı edinme gibi sosyal-bilişsel etkinliklere odaklanıyordu.

Her modülde, haftada 6 gün, günde 30 dakika süreyle, amaca yönelik meditasyonlar ve egzersizler yapıldı. Çalışmanın öncesinde ve sonrasında, katılımcıların psikolojik davranışları test edildi, Manyetik Rezonans Görüntüleme aracılığıyla beyinleri tarandı, stresi belirleyen kortizol salınımları ölçüldü ve sonuçların hepsi değerlendirildi.

İşte elde edilen sonuçlar:

3 ay boyunca birinci modülde eğitim görenlerde, serebral korteksin daha önceden dikkat ve üst düzey fonksiyonla ilişkilendirilmiş bölgelerinde değişikliklere rastlandı. 2 ve 3. modül katılımcılarında, merhamet ve empatide gelişmeler görüldü. Her üç modülde de, farklı zihinsel egzersizlerin kişilerdeki genel stres seviyesini azalttığı görüldü.

202. Kalbini açana yabancı mı kalır bu cihanda?

Farklı milletlerden ve kültürlerden insanlar arasındaki çatışmalar genellikle empati veya merhamet eksikliğinden kaynaklanır. Empati kurmak, barışçıl bir şekilde bir arada var olmayı teşvik eder.

Zürih Üniversitesi tarafından yürütülen bir araştırmada, yabancılarla empati kurmanın öğrenilip öğrenilemeyeceği, ayrıca başkalarıyla yaşanan olumlu deneyimlerin empatik beyin yanıtlarını nasıl etkilediği incelendi.

Psikolog ve nörobilimci Grit Hein ve ekibi, kendi grubunun bir üyesi ve başka bir grubun üyesiyle olumlu deneyimler yaşamış katılımcıların beyin hareketlerini ölçtü. Katılımcılar, test sırasında ellerinin arkasına şiddetli şoklar verileceğini biliyorlardı. Fakat kişiler daha sonra, kendi gruplarından veya başka bir gruptan birinin acı çekmesini engellemek için para ödeyebileceklerini öğrendiler. Çalışmada, kişilerin kendi grubundan ve başka gruptan birinin acı çektiği anı gözlemlerkenki beyin aktiviteleri incelendi.

Çalışmanın başında katılımcılarda, kendi grubundan birine kıyasla, yabancı birinin acı çekmesi daha zayıf bir beyin aktivasyonu ortaya koydu.

Kısacası, bir yabancıyla pozitif etkileşim yaşadığın an, o kişiye karşı duyduğun empati de anında yükseliyor.

İnsanlara yabancı gözüyle değil de, anlayışla bakmaya çalışırsak ve kimseyi birbirinden ayırt etmeden pozitif ilişkiler geliştirirsek, empati düzeyimizin geldiği noktaya biz bile şaşırabiliriz...

Başkasının gözleriyle gör, başkasının kulaklarıyla duy ve başkasının kalbiyle hisset.

203. Depresyon için kabul ve kararlılık terapisi

Kabul ve kararlılık terapisi (ACT), hayatın beraberinde getirdiği zorlukları kabul etmeye yardım eden bir psikoterapidir. ACT farkındalık temelli bir terapi türüdür, negatif düşünceleri ve hisleri aşarak ruh sağlığını iyileştirmeyi hedefler. ACT, 3 temel maddeye odaklanır: Tepkilerini kabul et ve anda kal, gitmek istediğin yönü seç, harekete geç.

Araştırmacılar bu terapinin kayıp, kontrol kaybı ve başka zorluklar yaşamış, dolayısıyla depresyon yaşayan kişilere yardım edebileceğini düşünmüş. Bu fikirle yola çıkarak genç ve yaşlı eski askerlere depresyon için kabul ve kararlılık terapisi (ACT-D) uygulamaya karar vermişler.

Çalışmaya 18-64 yaşları arasında ve 76 yaş üstü 655 eski asker katılmış. Yaşlı katılımcıların yüzde 78'i, genç katılımcıların yüzde 67'si bütün ACT-D seanslarını tamamlamış. Katılımcılara çalışmadan önce ve sonra depresyon ve hayat kalitesi üzerine anketler doldurulmuş.

Araştırma sonucunda ACT-D uygulamasını tamamlayan genç ve yaşlı askerlerin ortalama depresyon değerlerinde önemli ölçüde düşüş görülmüş. Ayrıca kişilerin hayat kalitesi artmış. Araştırma sonuçları, kabul ve kararlılık terapisinin depresyon, anksiyete ve bu gibi psikolojik sorunlar yaşayan insanlara yardım edebileceğini gösteriyor.

204. Hayal gerçeğin yapıtaşıdır

Yue&Cole'un yaptığı araştırmalar gösteriyor ki spor yaptığını imgeleyen bir kişi, o sporu gerçekten yapıyormuş gibi uzmanlaşabiliyor. Üstelik buna ağırlık kaldırmak da dahil...

Garry, Manning, Loftus&Sherman çocukluğa dair bir anıyı olmuş gibi hayal eden bir kişinin, bunun gerçekten olduğuna inandığını söylerken, Schacter&Addis ise tüm eylemsel belleğin (kişinin kendi deneyimlerine dayanan hatıraları) aslında imgelemeye dayanarak yeniden yapılandığını söylemişler.

Psikolojinin hayal gücü hakkında odaklandığı diğer bir konu ise görsel zihinsel canlandırmadır.

Nasıl mı?

Bazen bir şeyi aklımızda o kadar net bir şekilde canlandırırız ki, onu sanki zihnimizin gözleriyle görürüz, buna görsel zihinsel imge denir. Psikologlar bu tür canlandırmaların hangi bilgiler dahilinde mümkün olduğunu ve nasıl yönetilebildiğini de araştırmışlar.

Shepard&Metzler 1971 yılında yaptıkları bir çalışmada hayal edilen cismin ne kadar uzağa yönlendirilmesi gerekiyorsa, bunu gerçekleştirmenin o kadar uzun sürdüğünü saptamışlar.

Hayal gücü, insan zihni ve bedeni üzerindeki etkileri sayesinde, başarıyı da sağlığı da daha hızlı ve daha kolay ulaşılabilir hale getirir.

Sana hiçbir hayal verilmemiştir ki onu gerçekleştirebilecek güç senden esirgenmiş olsun.

205. Kendini gerçekleştirme olgusu ne ifade ediyor?

Arizona Devlet Üniversitesi Psikoloji Bölümü'nden Jaimie Arona Krems, Douglas T. Kenrick ve Rebecca Neel tarafından yürütülen araştırmada, kendini gerçekleştirme olgusunun kişilere ne anlam ifade ettiği araştırılmış. Katılımcılara an itibariyle potansiyellerini tam anlamıyla gerçekleştirseler ne yapıyor olacakları sorusu yöneltilmiş. Katılımcıların büyük çoğunluğunun, kendini gerçekleştirme olgusunu, okulda başarılı olmak, emek harcadıkları alanda ün elde etmek gibi statü ve itibar kazanmaya dönük olgularla bağdaştırdığı gözlenmiş. Sonuç itibariyle, insanların kendi potansiyellerini elde etmeyi, önemli ölçüde sosyal hedeflere ulaşmaya bağladığı anlaşılmış.

Ayrıca, kişilerin, hayatını anlamı kılmak veya genel anlamda yaşamdan tatmin elde etmek gibi olguları, aile ve dostlarla vakit geçirmekle ilintilendirdiği; hayatını anlamlı kılmak ve acıdan kaçınmak olgularını ise romantik/cinsel partner bulmak ve fiziksel zarar görmekten kaçınmakla bağdaştırdıkları belirtilmiştir.

Dolayısıyla, eş bulmanın, eşiyle olan ilişkilerini sürdürmenin ve çocuklarını yetiştirmenin, kişilere kendini gerçekleştirmiş hissettirebildiği belirtilirken kendini gerçekleştirme isteğinin, kişinin biyolojik ve sosyal ihtiyaçlarının çok da ötesinde bir şey gibi görünmediği sonucuna varılmış.

206. Motivasyon hem içeriden hem dışarıdan desteklenmeli

Rochester Üniversitesi'nden Richard M. Ryan ve Edward L. Deci'nin kaleme aldığı makalede, iç ve dış motivasyonun, eğitim-öğrenim süreçlerine etkisiyle ilgili yapılan kapsamlı araştırmaların bir değerlendirmesi yapılmış.

Makalede, iç ve dış motivasyonun klasik tanımı, çağdaş araştırmalar ve teoriler ışığında yeniden yorumlanmış.

İçsel motivasyonun; kişinin doğuştan gelen merakını gidermeye, doğuştan gelen beceri ve kabiliyetini kullanmaya ve özerklik gibi psikolojik ihtiyaçlarını tatmine dönük olduğu belirtilmiş. Dış motivasyonun ise dışarıdan gelen etkilere tepki vermeye ve otokontrol sağlamaya dönük olduğu kaydedilmiş.

Dış motivasyonun etkilerinin, kişinin öz belirlemesi süreciyle bağlantılı olarak farklı boyutlarda olabileceğine işaret edilmiş. Dış motivasyonun, kişinin öz belirlemesinde etkili olabilmesi için, dış güdünün içselleştirilebilir nitelikte olması gerektiği vurgulanmış.

Bu açıdan düşünülünce, dışsal güdülü görevlerin hangi sosyal şartlar altında içselleştirilerek entegre edilebileceği araştırılmış ve sosyal şartların, kişinin yeterlilik, özerklik ve bağlantı kurma ihtiyaçlarına cevap vermesi gerektiği sonucuna varılmış.

Söz konusu tespitlere göre; öz belirleyici öğrenme için, sınıf ortamının, hem öğrencinin bağlantı kurma ve etkili olma ihtiyaçlarını (içsel motivasyon) karşılayacak hem de otoriteye uymasını (dışsal motivasyon) sağlayacak unsurları barındırması gerekiyor.

207. Farkındalık ve meditasyon eğitimi beyin yapısını değiştiriyor

Massachusetts Tam Teşekküllü Hastanesi'nde (Massachusetts General Hospital) gerçekleştirilen Psikiyatrik Beyin Görüntüleme (Neuroimaging) Araştırmaları Programı kapsamında farkındalık ve meditasyon programının beyne etkileri araştırıldı.

16 katılımcıyla gerçekleştirilen çalışmada, katılımcılara 8 hafta boyunca, günde 27 dakikalık Farkındalık Temelli Stresi Düşürme Programı uygulandı. Farkındalık programından iki hafta önce ve programdan iki hafta sonra, katılımcıların MR görüntüleri çekilerek karşılaştırıldı. Araştırma sonuçları, farkındalık ve meditasyon programının, beynin hafıza, benlik bilinci, empati ve stresten sorumlu bölgelerini ölçülebilir oranda etkilediğini ortaya koydu.

MR sonuçları, hafıza, benlik bilinci, şefkat ve analitik iç gözlemden sorumlu olan hipokampustaki gri maddenin arttığını gösterdi. Ayrıca, anksiyete ve streste rol oynayan amigdaladaki gri madde yoğunluğunun azaldığı gözlendi.

Araştırmacılardan Dr. Sara Lazar, önceki araştırmalarında meditasyonun, dikkat ve duygusal entegrasyondan sorumlu serebral korteksi kalınlaştırdığını hatırlattı.

Ayrıca araştırma sonuçlarından hareketle, dinlenmeye yeterince vakit ayıranların kendini iyi hissetmekte daha başarılı olabileceğini belirtti.

208. Tıp öğrencilerinde tükenmişlik sendromuna karşı meditasyon

Wake Forest Babtist Tıp Merkezi araştırmacılarının kaleme aldığı "Tıp Öğrencilerine, Tükenmişlik Sendromunun Engellenmesi ve Uygulayacakları Tedavinin Etkinliği İçin Meditasyon Eğitimi Veriliyor" başlıklı makalede, doktorların, hastalarına stresin sağlığa zararlı olduğunu söylemesine rağmen iş kendi streslerini azaltmaya geldiğinde bu konuda pek bir şey yapmadıkları kaydedilmiş. Tıp fakültesi müfredatında stres azaltıcı eğitimlerin yer almadığına dikkat çekilirken, bununla birlikte Wake Forest-Babtist Tıp Merkezi'nde son 3 yıldır bir rehber eşliğinde gevşeme ve zihinsel meditasyon eğitimleri verildiği açıklanmış.

Wake Forest Babtist Tıp Merkezi'nde, tüm 3. sınıf tıp öğrencilerine, ABD Sağlık ve İnsani Hizmetler Dairesi'nin desteğiyle, Uygulamalı Rahatlama ve Farkındalık Programı (ARAM) düzenlenmiş. Söz konusu programın amacının, ağır ders programının yarattığı stres ve yorgunluğun giderilmesi olduğu kaydedilmiş.

Hekimlerin yüzde 20-60'ının, kariyerlerinin bir bölümünde tükenmişlik sendromu yaşadığına dikkat çekilirken, bu motivasyon kaybının, doktorun sağladığı tedavinin kalitesini de ciddi biçimde etkileyebileceği üzerinde durulmuş.

Tükenmişlik sendromu yaşayan doktorların, hastalarına empati duyma ve şefkat besleme kabiliyetinin de azalacağına işaret ediliyor.

Stres yoksa, tükenmişlik sendromu ve motivasyon kaybı da yoktur.

209. Mutlu olmak elimizde: Mutluluk stratejileri

ABD'deki duygu profillerini belirlemeye yönelik olarak gerçekleştirilen ve 10 Eylül 2013 tarihinde *PeerJ* isimli ödüllü bilim dergisinde yayımlanan araştırma sonuçlarına göre, mutluluğu artırıcı stratejilere başvurmak, depresyonu iyileştiriyor ve yaşam doyumunu olumlu yönde etkiliyor.

2.400 Amerikan vatandaşının gönüllü katılımıyla gerçekleştirilen araştırmanın sonucuna göre, kişisel tatmin duygusuna sahip kişiler daha az depresifler ve daha mutlular. Ayrıca yaşam tatminleri daha yüksek...

Buna karşın kendine zarar verici davranışlar sergileyen kişilerin daha depresif, daha mutsuz olduğu ve yaşamlarından daha az doyum elde ettiği gözlenmiş.

Mutluluk artırıcı stratejiler uygulamak, yüzde 52 oranında mutluluk düzeyini artırıyor.

O halde nedir mutluluk artırıcı stratejiler, yakından bakalım...

ABD'de, mutluluğunu artırmak isteyenler belli başlı sekiz strateji kullanıyorlar.

Hangileri mi?

Sosyal ilişkiler (örneğin, bir arkadaşı desteklemek veya cesaretlendirmek).

Davetlere gitmek, zihinsel kontrol sahibi olmak (örneğin, mutsuzluk hakkında düşünmemek).

İşlevsel bir amaç gütmek (örneğin ders çalışmak).

Boş zaman aktivitesi edinmek (örneğin spor yapmak).

210. Sarılmanın etkileri

Beden derisi, insan vücudundaki en büyük organ... Neredeyse 2 kilometrekareye yakın yer kaplıyor.

Trudeau, konuyla ilgili kaleme aldığı yazısında bazı araştırmalara da dikkat çekiyor. Mesela Miami Üniversitesi'nden Tiffany-Field'in yaptığı araştırma. Field, birine dokunurken, temas noktasında cilde uygulanan baskıyla derinin altında "pacinian yuvarı" denilen basınç alıcılarının harekete geçtiğini söylüyor. Bu alıcılar doğrudan beyindeki vagus sinirine sinyaller yolluyor. Vagus siniri kalbin yavaşlamasına ve kan basıncının düşmesine neden oluyor.

DePauw Üniversitesi'nden Matt Hertenstein ise, dokunmanın ya da sarılmanın stres hormonunda azalmaya neden olduğunu söylüyor. Samimi bir dokunuşun, sakinleştirme ve stresi azaltma etkisinin yanı sıra, güven davranışlarını etkileyen oksitosini artırdığını söylüyor. Bir öğretmen, öğrencisinin sırtına veya koluna dokunursa, o öğrencinin muhtemelen derse katılımı artıyor. Sporcular takım arkadaşlarına ne kadar çok sarılıp beşlik çakarsa, performansları o kadar iyi oluyor. Güven verici bir dokunuş, hastaların doktorlarını daha çok sevmesine neden olabiliyor.

Sarılmak ya da dokunmak kişiye kendini güvende ve bağlı hissettiriyor. Kalp hızını yavaşlatıyor, tansiyonu düşürüyor, daha az stresli ve daha rahat hissetmeyi sağlıyor.

İnsanların bilincini değiştirecek kadar değerli bulgulara sahip bir bilimsel çalışmayı araştırmaya ve paylaşmaya var mısın?
Bu sayfa senin...

....

....

....

....

....

....

....

....

....

....

Detaylar için:

www.iyiliginherhali.com

Kaynakça

1. Hep söyledik! İnsanlar iyidir
http://www.nytimes.com/2010/05/09/magazine/09babies-t.html?mcubz=2
http://www.sciencedaily.com/releases/2012/08/120815093230.htm
http://www.smithsonianmag.com/science-nature/are-babies-born-good-165443013
http://www.boston.com/lifestyle/health/childinmind/2012/11/yale_lab_calls_babies_bigots-.html
http://phys.org/news/2011-03-good-bad-baby-video.html

2. Dans ayakların şiiridir
https://www.frontiersin.org/articles/10.3389/fnhum.2017.00305/full
Rehfeld K, Müller P, Aye N, et al. Dancing or Fitness Sport? The Effects of Two Training Programs on Hippocampal Plasticity and Balance Abilities in Healthy Seniors. Frontiers in Human Neuroscience. 2017;11:305. doi:10.3389/fnhum.2017.00305

3. Nesilden nesile iyilik
https://www.edutopia.org/blog/teaching-kindness-essential-reduce-bullying-lisa-currie
Prof. Maurice Elias, Rutgers University Psikoloji Bölümü, Patty O'Grady, PhD, nörobilim, duygusal öğrenme ve pozitif psikoloji uzmanı, Dr. Wayne Dyer, Lisa Currie

4. Sen sus oksitosinin konuşsun
https://www.theatlantic.com/health/archive/2014/04/does-your-dog-or-cat-actually-love-you/360784
Paul J. Zak, professor of economics at Claremont Graduate University and the author of The Moral Molecule: The Source of Love and Prosperity

5. Şiirin özgürleştirici gücü
Cristina Domenech, çocuklar, yetişkinler ve mahkûmlar için okuma ve yazma çalışmaları düzenleyen yazar ve filozof
http://ideas.ted.com/how-poetry-can-free-a-prisoners-mind-2

6. Şükürler olsun
Robert A. Emmons, Proffessor of Psychology at UC Davis
http://ucdmc.ucdavis.edu/welcome/features/2015-2016/11/20151125_gratitude.html

7. Kendinle ol, yalnız kalma
Guy Winch, Psychologist (Guy Winch is a licensed psychologist who works with individuals, couples and families. His most recent book is "Emotional First Aid: Healing Rejection, Guilt, Failure, and Other Everyday Hurts." He writes the popular Squeaky Wheel Blog on Psychology Today.com, and is the author of The Squeaky Wheel: Complaining the Right Way to Get Results, Improve Your Relationships and Enhance Self-Esteem. He also blogs for Huffington Post.
http://ideas.ted.com/how-to-beat-loneliness

8. Yetenek kası da antrenmanla gelişir
Girija Kaimal, Hasan Ayaz, Joanna Herres, Rebekka Dieterich-Hartwell, Bindal Makwana, Donna H. Kaiser, Jennifer A. Nasser. Functional near-infrared spectroscopy assessment of reward perception based on visual self-expression: Coloring, doodling, and free drawing. The Arts in Psychotherapy, 2017; 55: 85
http://www.sciencedirect.com/science/article/pii/S019745561630171X

9. Zihin sessizleşirse beden iyileşir
Williams, F. (2016). This is your brain on nature. National Geographic, 34-67
http://www.nationalgeographic.com/magazine/2016/01/call-to-wild/http://eprints.gla.ac.uk/138921/1/138921.pdf

10. Şifalı ağaçlar
https://www.researchgate.net/publication/49686913_A_Review_of_the_Research_Literature_on_Evidence-Based_Healthcare_Design
https://www.researchgate.net/profile/Roger_Ulrich4/publication/17043718_View_Through_a_Window_May_Influence_Recovery_from_Surgery/links/00b4953a3febc6e176000000/View-Through-a-Window-May-Influence-Recovery-from-Surgery.pdf

11. Unutarak zekânı geliştir
Blake A. Richards, Paul W. Frankland. The Persistence and Transience of Memory. Neuron, 2017
http://www.sciencedirect.com/science/article/pii/S0896627317303653

12. Yaşlandıkça beynin farklı fonksiyonları gelişir
https://www.researchgate.net/profile/Jason_Nomi/publication/316737123_Moment-to-moment_BOLD_Signal_Variability_Reflects_Regional_Changes_in_Neural_Flexibility_Across_the_Lifespan/links/591dd0fd0f7e9b642817bf37/Moment-to-moment-BOLD-Signal-Variability-Reflects-Regional-Changes-in-Neural-Flexibility-Across-the-Lifespan.pdf

13. Nazik insanlar daha mutlu
Fredrickson, B. L., Cohn, M. A., Coffey, K. A., Pek, J., & Finkel, S. M. (2008). Open hearts build lives: positive emotions, induced through loving-kindness meditation, build consequential personal resources. Journal of personality and social psychology, 95(5), 1045
https://www.ncbi.nlm.nih.gov/pmc/articles/PMC3156028

14. Beynini güncelle ve korkularının geri gelmesini engelle
Schiller, D., Monfils, M. H., Raio, C. M., Johnson, D. C., LeDoux, J. E., & Phelps, E. A. (2010). Preventing the return of fear in humans using reconsolidation update mechanisms. Nature, 463(7277), 49-53
https://www.nature.com/articles/nature08637

15. Uyurken korkularınla vedalaş
Lerner, I., Lupkin, S. M., Sinha, N., Tsai, A., & Gluck, M. A. (2017). Baseline Levels of Rapid Eye Movement Sleep May Protect Against Excessive Activity in Fear-Related Neural Circuitry. Journal of Neuroscience, 37(46), 11233-11244
http://www.jneurosci.org/content/37/46/11233

16. Kaldırım çatlaklarının arasında büyüyen karahindiba etkisi
www.sciencedaily.com/releases/2017/11/171103085258.htm
Holli-Anne Passmore, Mark D. Holder. Noticing nature: Individual and social benefits of a two-week intervention. The Journal of Positive Psychology, 2016; 12 (6): 537 DOI: 10.1080/17439760.2016.1221126

17. Bulaşıcı mutluluk
BMJ 2008; 337 doi: https://doi.org/10.1136/bmj.a2338 (Published 05 December 2008)
Cite this as: BMJ 2008;337:a2338
Framingham Heart Study Dynamic spread of happiness in a large social network: longitudinal analysis over 20 years in the Framingham Heart Study

18. Sarılarak yaraları sar
https://www.cmu.edu/news/stories/archives/2014/december/december17_hugsprotect.html

19. İyilik kapasitesi
http://www.ox.ac.uk/news/2016-08-16-finding-brains-generosity-centre
UCL ve Oxford Üniversitesi Dr. Patricia Lockwood ve ekibi

20. Hayallere dalıyor olmak bir zekâ göstergesidir
Georgia Institute of Technology. "Daydreaming is good: It means you're smart: Brain study suggests mind wandering at work and home may not be as bad as you might think."
www.sciencedaily.com/releases/2017/10/171024112803.htm

21. Yoga yap kafan çalışsın
University of Waterloo, Kimberley Luu, Peter A. Hall. Examining the Acute Effects of Hatha Yoga and Mindfulness Meditation on Executive Function and Mood. Mindfulness, 2016; 8 (4): 873 DOI: 10.1007/s12671-016-0661-2

22. Destek ol yarınları kurtar
Jasper J. Duineveld, Philip D. Parker, Richard M. Ryan, Joseph Ciarrochi, Katariina Salmela-Aro. The link between perceived maternal and paternal autonomy support and adolescent well-being across three major educational transitions. Developmental Psychology, 2017; 53 (10): 1978 DOI: 10.1037/dev0000364

23. Hasta olma şarkıcı ol
The Theory and Practice of Vocal Psychotherapy Somg of the Self, Diane Austin, Jessica Kinglsey Publishers

24. Kendine tüylü bir dost edin
DOI: 10.1111/j.1545-5300.2009.01297.x
concerning this article should be addressed to Froma Walsh, Ph.D., Chicago Center for Family Health, #1442, 20 N. Wacker Dr., Chicago IL 60606, E-mail: http://fwalsh@uchicago.edu
10.1111/j.1545-5300.2009.01296.x

25. Kendine iyi bak babacığım
University College London. "Teenage depression linked to father's depression." ScienceDaily. ScienceDaily, 15 November 2017
www.sciencedaily.com/releases/2017/11/171115195312

26. Pozitif stres
American Friends of Tel Aviv University. "How well do we perceive other people's stress levels in the workplace." ScienceDaily. ScienceDaily, 13 November 2017.www.sciencedaily.com/releases/2017/11/171113111101.htm

27. Yardım içeri anksiyete dışarı
Preventing Onset of Anxiety Disorders in Offspring of Anxious Parents: A Randomized Controlled Trial of a Family-Based Intervention. American Journal of Psychiatry, 2015; appi.ajp.2015.1 DOI: 10.1176/appi.ajp.2015.14091178
www.sciencedaily.com/releases/2015/09/150925085336.htm

28. Sohbetin derin, kahkahan gür olsun
Materials provided by Association for Psychological Science.Note: Content may be edited for style and length
Association for Psychological Science. "Well-being is related to having less small talk and more substantive conversations."
www.sciencedaily.com/releases/2010/03/100304165902.htm

29. Birlik bilinci
http://www.collective-evolution.com/2016/11/22/scientists-earths-magnetic-fields-carry-biologically-relevant-information-that-connects-all-living-systems
http://www.kolektif-kozmos.com/2017/01/16/bilim-adamlari-dunyanin-manyetik-alaninin-tum-canlilari-birbirine-bagladigini-acikladi

30. Gülümsemenin taklidi bile yeter
Anchorage Alaska Üniversitesi araştırmacıları
Dr. David Hamilton, *Kendini Nasıl Sevmeli?*

31. Biri terfi mi dedi?
Psikolog Shawn Achor
https://dusunbil.com/mutlulugun-sirri-kafanin-icinde

32. Cömertlik yukarı tansiyon aşağı
http://greatergood.berkeley.edu/article/item/spending_money_on_others_can_lower_your_blood_pressure
http://blog.good4trust.org/post/145751210272/iyilik-yapmak-tansiyonu-düşürür-mü

33. Pozitif günlük
Pozitif psikoloji duayeni Martin Seligman/Colorado Boulder Üniversitesi'nde araştırma yapan Ashar Yoni
The Guardian, Yazan: Julianne Chiaet, Çeviren: Meltem Çetin Sever

34. Parmakların olmasa da zihnin piyano çalabilir
How Your Mind Can Heal Your Body, Dr. David Hamilton

35. Suya neşe kat
Montreal McGill Üniversitesinde araştırma biyokimyacısı Dr. Bernard Grad
Bitkilerin Gizli Yaşamı, Peter Tompkins, Christopher Bird
http://www.ozban.com/bitkilerin-gizli-yasami

36. Otoriteye itaat deneyi
Sosyal Psikolog Stanley Milgram'ın (Yale Üniversitesi) deney bulguları 1974'te *Obedience to Authority; An Experimental View* isimli kitabında yayımlamıştır.
https://youtu.be/_e1_-UpdzZ0 / http://tr.wikipedia.org/wiki/Milgram_deneyi

37. İlk patronlar: Anne-Baba
University of Alabama, Dr. Peter Harms (researcher and assistant professor in management at UA's Culverhouse College of Commerce) July 2016 Researcher finds link between parenting styles and workplace behaviors
https://www.sciencedaily.com/releases/2016/07/160707102626.htm Materials provided by University of Alabama, Culverhouse College of Commerce. Note: Content may be edited for style and length

38. Bir ölçek oksitosin bir ölçek empati
International School of Advanced Studies (SISSA), July 2016, Sebastian Korb, researcher and expert on facial mimicry Oxytocin in the recognition of emotions
https://www.sciencedaily.com/releases/2016/06/160614114041.htm

39. Dostluklar bir gülümsemeyle başlar
Belinda Campos of the University of California, Irvine, in the US/Springer Science+Business Media. "Friendships start better with a smile."
www.sciencedaily.com/releases/2015/05/150526093531.htm

40. Kanseri farkındalıkla aş
Indiana University - Mindfulness-based stress reduction diminishes chemo brain

41. Duygularını yeme
Michigan State University - Eating your feelings? The link between job stress, junk food and sleep
https://msutoday.msu.edu/news/2017/eating-your-feelings-the-link-between-job-stress-junk-food-and-sleep

42. Mutluluk hamile kadınlara çok yakışıyor
University of Colorado at Boulder - Mindfulness techniques can help protect pregnant women against depression
https://www.colorado.edu/today/2014/11/19/mindfulness-techniques-can-help-protect-pregnant-women-against-depression

43. Ruhsal farkındalık
American Sociological Association- People's spiritual awareness varies throughout the day
https://www.sciencedaily.com/releases/2015/08/150823091845.htm

44. Pozitif düşünce kahramanı
University of Zurich - Training character strengths makes you happy
http://www.media.uzh.ch/en/Press-Releases/archive/2012/charakterstaerken-trainieren-macht-gluecklich.html

45. Meditasyonun tedavilerdeki potansiyel gücü
Wake Forest Baptist Medical Center - Researchers probing potential power of meditation as therapy
https://www.sciencedaily.com/releases/2015/04/150408085656.htm

46. Dikkat teknoloji tehlikesi
Univercity of Wisconsin-Madison -Have trouble media multitasking? Mindfulness intervention helps sharpen focus, study shows

47. Biri inziva mı dedi?
Thomas Jefferson University - Spiritual retreats change feel-good chemical systems in the brain

48. Temiz vicdan iyi uyku
University of Missouri - Columbia - Link between sleep and social participation may be key to healthy aging

49. Ağrılara akupunktur
Marc M Cohen, De Villiers Smit, Nick Andrianopoulos, Michael Ben-Meir, David McD Taylor, Shefton J Parker, Chalie C Xue, Peter A Cameron. Acupuncture for analgesia in the emergency department: a multicentre, randomised, equivalence and non-inferiority trial. The Medical Journal of Australia, 2017; 206 (11): 494 DOI: 10.5694/mja16.00771
https://www.sciencedaily.com/releases/2017/06/170618103517.htm

50. Somurtmayı bırak! Tai-Chi yapıyoruz!
Harvard Üniversitesi Tıp Fakültesi Dç. Dr. Albert Yeung araştırması
https://www.sciencedaily.com/releases/2017/05/170525103816.htm

51. Negatif spritüel inançların sağlık üzerindeki etkisi
Angela Jones, Daniel Cohen, Brick Johnstone, Dong Pil Yoon, Laura H. Schopp, Guy McCormack, James Campbell. Relationships Between Negative Spiritual Beliefs and Health Outcomes for Individuals With Heterogeneous Medical Conditions. Journal of Spirituality in Mental Health, 2015; 17 (2): 135 DOI: 10.1080/19349637.2015.1023679
Missouri Üniversitesi, September 23, 2015
https://www.sciencedaily.com/releases/2015/09/150923125336.htm

52. Çalışırken iyilik halinin önemi
Sosyal Bilimler Enstitüsü Dergisi, Online Yayın Tarihi: 16.03.2015, Cilt: 16, Sayı: 4, Yıl: 2014, Sayfa: 559-585
http://dx.doi.org/10.16953/deusbed.25259
Mazlum ÇELİK-Ömer TURUNÇ-Necdet BİLGİN
http://dergipark.ulakbim.gov.tr/deusosbil/article/view/5000107009/5000100040

53. Doğa deneyimine dayalı çevre eğitimi
Pamukkale Üniversitesi Eğitim Fakültesi Dergisi, Sayı: 27, 2010, s. 125-138
Oğuz Özdemir
http://dergipark.ulakbim.gov.tr/pauefd/article/view/5000056085/5000053294

54. Alzheimer hastalığı ve müzik terapi
Neslihan Lök, Kerime Bademli, *Alzheimer Hastalarında Müzik Terapinin Etkinliği: Sistematik Derleme*, Psikiyatride Güncel Yaklaşımlar 2016; 8(3): 266-274
Esra Öz, *Nöronal Notalar*, 2012

55. Epigenetik
Bruce Lipton, Scientists Finally Show How Your Thoughts Can Cause Specific Molecular Changes To Your Genes, Wisc.edu, brucelipton.com
Waterland, R., Jirtle, R., Transposable Elements: Targets for Early Nutritional Effects on Epigenetic Gene Regulation, Mol Cell Biol. 2003 Aug; 23(15): 5293-5300

56. Meditasyon-beyin ilişkisi
Anne Trafton; The Benefits of Meditation. MIT and Harvard neuroscientists explain why the practice helps tune out distractions and relieve pain, Massachusetts Institute of Technology (MIT) News Office; May 5, 2011
www.sciencedaily.com

57. Müzik ruhun gıdası, bedenin ilacıdır
How Music Can Relieve Stress and Boost Immunity, www.learning-mind.com
Dr. Janet Brill, How Music Improves Your Health, drjanet.com, November 16, 2015
Amy Novotrey, Music As Medicine, November 2013, American Phychological Association. www.apa.org

58. Müzik ve çocuklar
http://fesraoz.blogspot.com.tr/2012/03/noronal-notalar.html

59. Kahkahanın önemi küçümsenemez
Sandra Manninen, Lauri Tuominen, Robin Dunbar, Tomi Karjalainen, Jussi Hirvonen, Eveliina Arponen, Riitta Hari, Iiro P. Jääskeläinen, Mikko Sams, Lauri Nummenmaa. Social Laughter Triggers Endogenous Opioid Release in Humans. The Journal of Neuroscience, 2017; 0688-16 DOI: 10.1523/JNEUROSCI.0688-16.2017
https://www.sciencedaily.com/releases/2017/06/170601124121.htm

60. Anti aging önerisi: Biraz krem, biraz doğa
Kardan, O., Gozdyra, P., Misic, B., Moola, F., Palmer, L. J., Paus, T., & Berman, M. G. (2015). Neighborhood greenspace and health in a large urban center. Scientific reports, 5, 11610
https://www.researchgate.net/profile/Bratislav_Misic/publication/279989471_Neighborhood_greenspace_and_health_in_a_large_urban_center/links/55a3ef4608aef604aa03c595.pdf

61. Dingin zihin, mutlu insan
http://science.sciencemag.org/content/330/6006/932.full
https://www.ted.com/talks/matt_killingsworth_want_to_be_happier_stay_in_the_moment?language=tr

62. Açık hava iyileşme sahası
http://themindunleashed.com/2017/04/heres-30-minutes-nature-walking-daily.html
https://www.ncbi.nlm.nih.gov/pubmed/18332184http://www.pnas.org/content/112/28/8567.abstract

63. Mutlu anneler, mutlu nesiller
Florida Atlantic University/FAU'nun Charles E. Schmidt Bilim Koleji'nde psikoloji profesörü Nancy Aaron Jones, JUPITER'TA John D. MacArthur Kampusunda FAU Dalgaları İş Güvencesi Laboratuvarı Direktörü
"Depression study examines levels of 'love' hormone and its impacts on mother-baby emotional bonding." ScienceDaily. ScienceDaily, 22 March 2016
www.sciencedaily.com/releases/2016/03/160322100712.htm

64. Yemek yeme farkındalığı
British Psychological Society (BPS). "Mindfulness: Think before you eat and make healthier choices." ScienceDaily. ScienceDaily, 7 May 2014
www.sciencedaily.com/releases/2014/05/140507211636.htm
https://www.sciencedaily.com/releases/2014/05/140507211636.htm

65. Beynine iyi bak
Neural correlates of attentional expertise in long-term meditation practitioners, J. A. Brefczynski-Lewis, A. Lutz, H. S. Schaefer, D. B. Levinson, R. J. Davidson, Proceedings of the National Academy of Sciences Jul 2007, 104 (27) 11483-11488; DOI: 10.1073/pnas.0606552104
https://www.ncbi.nlm.nih.gov/pubmed/17596341

66. Stres+stres = Başarısızlık
Lorenz Goette, Samuel Bendahan, John Thoresen, Fiona Hollis, Carmen Sandi. Stress pulls us apart: Anxiety leads to differences in competitive confidence under stress. Psychoneuroendocrinology, 2015; DOI: 10.1016/j.psyneuen.2015.01.019
https://www.sciencedaily.com/releases/2015/02/150218141309.htm

67. Duyarlı anne
http://www.apa.org/pubs/journals/releases/dev-dev0000425.pdf
Jennifer M. Weaver, PhD et al. Breastfeeding Duration Predicts Greater Maternal Sensitivity Over the Next Decade. Developmental Psychology, October 2017 DOI: 10.1037/dev0000425

68. İş hayatındaki yaratıcılık ve bağımsızlığın sağlığa etkisi
http://journals.sagepub.com/doi/abs/10.1177/002214650704800404
https://www.researchgate.net/publication/5652264_Creative_Work_and_Health
Creative Work and Health
John Mirowsky and Catherine E. Ross
Journal of Health and Social Behavior
Vol. 48, No. 4 (Dec., 2007), pp. 385-403

69. Ruh performansı
http://journals.sagepub.com/doi/abs/10.1177/0956797610387441
https://www.researchgate.net/publication/47544150_Better_Mood_and_Better_Performance_Learning_Rule-Described_Categories_Is_Enhanced_by_Positive_Mood

70. Meditasyonun düşünme biçimleri üzerindeki etkisi
Lorenza S. Colzato, Ayca Szapora, Dominique Lippelt, Bernhard Hommel. Prior Meditation Practice Modulates Performance and Strategy Use in Convergent- and Divergent-Thinking Problems. Mindfulness, 2014; DOI: 10.1007/s12671-014-0352-9
https://link.springer.com/article/10.1007/s12671-014-0352-9

71. Neden yavaşlamalıyız?
http://ideas.ted.com/why-we-need-a-secular-sabbath

72. Zorlukların ilacı hoşgörü
Meeting Suffering With Kindness: Effectsofa BriefSelf-Compassion Intervention for Female College Students Elke Smeets,1 Kristin Neff, 2 Hugo Alberts, 1 and Madelon Peters 1
http://onlinelibrary.wiley.com/doi/10.1002/jclp.22076/full

73. Babacığım telefonla değil, benimle ilgilen
http://onlinelibrary.wiley.com/doi/10.1111/cdev.12822/full
Brandon T. McDaniel, Jenny S. Radesky. Technoference: Parent Distraction With Technology and Associations With Child Behavior Problems. Child Development, 2017; DOI: 10.1111/cdev.12822

74. Bilinç sıçraması
The Hundredth Monkey: And Other Paradigms of the Paranormal, edited by Kendrick Frazier, 1991, Prometheus Books, ISBN 0-87975-655-1. Referans: Duke Üniversitesi Doktor Joseph Banks Rhine

75. Yaşlılarda dokunma ve masajın önemi (geriatrik masaj)
Öğr. Gör. Nihat Ayçeman
Akdeniz Üniversitesi, BESYO
http://www.academicana.com/nayceman/ana-sayfa

76. Bir dize hoşgörü
http://ideas.ideas.time..com/2013/06/03/why-we-should-read-literature

77. Köpekler, insanın olduğu kadar kalbin de dostu
Mwenya Mubanga, Liisa Byberg, Christoph Nowak, Agneta Egenvall, Patrik K. Magnusson, Erik Ingelsson, Tove Fall. Dog ownership and the risk of cardiovascular disease and death – a nationwide cohort study. Scientific Reports, 2017; 7 (1) DOI: 10.1038/s41598-017-16118-6

78. Karar ver denize at
http://www.dailymail.co.uk/sciencetech/article-2352159/Everyone-feels-good-day-beach-theres-science-prove-it.html
Exeter Üniversitesi, Lora Fleming

79. Bana bir masal anlat baba
Can Fiction Stories Make Us More Empathetic?, August 11, 2014, Society for Personality and Social Psychology
https://www.sciencedaily.com/releases/2014/08/140811151632.htm.
Society for Personality and Social Psychology (Ağustos 11, 2014)

80. Âşık olmanın bilim hali
Fisher, H. (2004). What is Love? On Air, BBC International Magazine 98:12-15 http://www.helenfisher.com/downloads/articles/08bbconair.pdf
http://www.helenfisher.com/downloads

81. Hayvanlar ve ahlak ilişkisi
http://www.iflscience.com/plants-and-animals/dogs-and-monkeys-judge-you-on-how-you-treat-others
http://www.sciencedirect.com/science/article/pii/S0149763416303578

82. Annelerin sesi asla detone olmaz
https://med.stanford.edu/news/all-news/2016/05/moms-voice-activates-different-regions-in-children-brains.html
http://knowingneurons.com/2016/10/12/mothers-voice

83. Kalbin çiçek açsın
New Jersey Üniversitesi, 22.09.2000
http://redrose.com.cy/images/stories/EnvironmentalApproachToPositiveEmotion_Flowers.pdf

84. Hayatın dalgalandıkça denizin dalgalarını dinle
Stanford Üniversitesi, Shelly Batts
http://www.santacruzsentinel.com/general-news/20110606/scientists-discuss-oceans-effect-on-the-brain

85. Sanat terapisi
https://www.drozdogan.com/kanser-hastalari-ve-aileleri-icin-yaratici-sanat-terapisi-uygulamalari
http://www.haberturk.com/kanser-hastalarinda-sanatin-iyilestirici-gucu-1682499

86. Aşkın kalp atımı
Jonathan L. Helm, David Sbarra, Emilio Ferrer. Assessing cross-partner associations in physiological responses via coupled oscillator models.. Emotion, 2012; 12 (4): 748 DOI: 10.1037/a0025036

87. Her kitabın kahramanı okurudur aslında
http://www.independent.co.uk/news/science/brain-function-boosted-for-days-after-reading-a-novel-9028302.html

88. Sualtındaki huzur
http://journals.sagepub.com/doi/pdf/10.1177/0013916515597512

89. Yazarak iyileş
James W. Pennebaker
https://www.psychologytoday.com/blog/write-yourself-well/201208/expressive-writing

90. Kitap en iyi dosttur
http://journals.plos.org/plosone/article?id=10.1371/journal.pone.0055341

91. Güvende hisseden başarır
Materials provided by Concordia University. Original written by Cléa Desjardins and Mila Roy. Note: Content may be edited for style and length/story_source
Carolyn Côté-Lussier, Caroline Fitzpatrick. Feelings of Safety at School, Socioemotional Functioning, and Classroom Engagement. Journal of Adolescent Health, 2016; 58 (5): 543 DOI: 10.1016/j.jadohealth.2016.01.003

92. Kalbini dinle
K. Tsetsos, N. Chater, M. Usher. Salience driven value integration explains decision biases and preference reversal. Proceedings of the National Academy of Sciences, 2012; 109 (24): 9659 DOI: 10.1073/pnas.1119569109
https://www.sciencedaily.com/releases/2012/11/121108131724.htm

93. Görsel günlük
https://www.psychologytoday.com/blog/arts-and-health/201310/visual-journaling-self-regulation-and-stress-reduction-0
https://www.cathymalchiodi.com

94. Hasta doktor el ele
http://www.sciencedirect.com/science/article/pii/S0002939417301083
Manchester Üniversitesi

95. Alzheimer unutabilir sen unutma
https://content.iospress.com/articles/journal-of-alzheimers-disease/jad170102
IOS Press

96. Suyun gücü
Suyun Gizli Mesajı, Masaru Emoto, Kural Dışı Yayınları

97. Yaşamın sihri vagus siniri
https://patents.google.com/patent/US9289599B2/en
www.pnas.org/content/108/38/16050.short

98. Yardımseverlik kalbe iyi gelir
http://GREATERGOOD.BERKELEY.EDU

99. Sarıl kalbine
https://www.ncbi.nlm.nih.gov/pubmed/18787373
https://sagligabiradim.com/sarilmanin-gucu-sagliginiza-faydalari

100. Domino etkisi
http://www.bbc.com/future/story/20151125-why-are-we-so-suspicious-of-being-kind

101. Biraz kurtlarımızı dökelim
Sevin Seda Güney, Dans/Hareket Psikoterapisti
http://www.sanatpsikoterapileridernegi.org/dans-ve-hareket-terapisi.html ve Association for Dance Movement Therapy UK – ADMTUK
http://www.admt.org.uk/whatis.html

102. En iyi dost: Hayvanlar
https://www.doktorsitesi.com/makale/hayvanlar-cocuklarin-gelisimini-hizlandiriyor
https://sciencealert.com/any-kind-of-pet-can-strengthen-the-social-skills-of-children-with-autism
http://www.sciencealert.com/having-a-dog-can-reduce-anxiety-and-stress-in-children-study-finds
http://www.sciencealert.com/children-get-more-satisfaction-out-of-pets-than-siblings-new-study-suggests
https://www.ualberta.ca/news-and-events/newsarticles/2017/april/pet-exposure-may-reduce-allergy-and-obesity

103. Yaşamın anahtarı: Nefes
http://science.sciencemag.org/content/355/6332/1411
https://www.psychologytoday.com/blog/brain-waves/201704/the-inside-story-how-slow-breathing-calms-you-down

104. Dijital oyunlar her zaman kötü değil
https://www.sciencedaily.com/releases/2016/03/160314101801.htm
Hacettepe Üniversitesi, Fzt. Miraç Sezer Ürgen
http://www.openaccess.hacettepe.edu.tr:8080/xmlui/bitstream/handle/11655/1625/5c57061e-c92f-4410-82b4-f29929ad7b07.pdf?sequence=1

105. Şifa orucu
https://books.google.com.tr/books?hl=tr&lr=&id=O2pYsefpQxEC&oi=fnd&pg=PR7&dq=Otto+Buchinger+&ots=HB3WQ_ebah&sig=_mh4pMjhJD4nAMBeKitOgirHMcE&redir_esc=y#v=onepage&q=Otto%20Buchinger&f=false
Otto Buchinger, *Şifa Orucu ve Yardımcı Metotları*

106. Bebekler dokunarak gelişir
Jens Brauer, Yaqiong Xiao, Tanja Poulain, Angela D Friederici,Annett Schirmer, Frequency of Maternal Touch Predicts Resting Activity and Connectivity of the Developing Social Brain, Cerebral Cortex, Volume 26, Issue 8, 1 August 2016, Pages 3544-3552, https://doi.org/10.1093/cercor/bhw137

107. Depresyonu yenmek için sanat
University of Gothenburg. "Clear effect of art therapy on severe depression." ScienceDaily. ScienceDaily, 6 November 2017
www.sciencedaily.com/releases/2017/11/171106100128.htm
Blomdahl, Christina, Painting from Within - Developing and Evaluating a Manual-based Art therapy for Patients with Depression, University of Gothenburg. Sahlgrenska Academy http://hdl.handle.net/2077/52419

108. Ağrıda kapı kontrol teorisi
https://www.labourtens.com.au/Melzac%20and%20Wall%20original%20paper%201965.pdf
R.Melzeck and P.D.Wall Science, November 1965

109. Gözlerimin içine bak
Kleinke, Chris L.-Psychological Bulletin, Vol 100(1), Jul 1986, 78-100

110. İletişim uyum sağlar
Uri Hasson, nörobilimci, Prinston Üniversitesi
https://ideas.ted.com/this-is-your-brain-on-communication

111. Çocukların doğası
Kellert, S. 2005. Building for Life: Designing and Understanding the Human-Nature Connection. Washington, DC: Island press
Bell, A. C. and Dyment, J. E. 2006. Grounds for Action: Promoting Physical Activity through School Ground Greening in Canada, Toronto
Kuo, F.E., & Faber Taylor, A. (2004). A potential natural treatment for Attention-Deficit/Hyperactivity Disorder: Evidence from a national study. American Journal of Public Health, 94(9), 1580-1586
Nearby Nature, A Buffer of Life Stress among Rural Children, Wells and Evans, 2003

112. Paylaşmak iyileştirir
Claremont Üniversitesi Nöroekonomik Araştırmalar Merkezi, Paul Zak

113. Ebeveynler doğmamış çocuklarının hayatını nasıl şekillendirir?
Doğmamış Çocuğun Gizli Yaşamı, Thomas Verny&John Kelly

114. Olumsuz düşünceler hızlı yaşlanmanın sebebi
Elizabeth Blackburn ve Elissa Epel, Telomer Etkisi: Daha Genç, Sağlıklı ve Uzun yaşamak için devrimsel bir yaklaşım (The Telomere Effect: A Revolutionary Approach to Living Younger, Healthier, Longer)

115. Gönüllü çalış para değil sağlık kazan
A Prospective Study of Volunteerism and Hypertension Risk in Older Adults
Rodlescia S. Sneed and Sheldon Cohen
https://www.ncbi.nlm.nih.gov/pmc/articles/PMC3804225

116. Başka bir matematik dersi mümkün!
Mikkel M. Beck, Rune R. Lind, Svend S. Geertsen, Christian Ritz, Jesper Lundbye-Jensen, Jacob Wie-necke. Motor-Enriched Learning Activities Can Improve Mathematical Performance in Preadolescent Children. Frontiers in Human Neuroscience, 2016; 10 DOI: 10.3389/fnhum.2016.00645

117. Doğanın renkleri
Susan Daugherty, *National Geographic*, Ekim 2014
David Gruber: Seeing the Ocean in Neon
Araştırmacı David Gruber, Amerikan Doğa Tarihi Müzesi araştırmacısı, New York Şehir Üniversitesi deniz biyoloğu

118. Bakış açını değiştir, stres dostun olsun
Kelly McGonigal, PHD, *Stresin Üst Yüzeyi* (The Upside of Stress)
Stanford Üniversitesi Psikoloji Bölümü, Asistan Prof. Alia Crum

119. Fizyoloji psikolojiyi etkiler
Cuddy, Amy J.C., Caroline A. Wilmuth, and Dana R. Carney. "The Benefit of Power Posing Before a High-Stakes Social Evaluation." Harvard Business School Working Paper, No. 13-027, September 2012

120. Anksiyeteyi sporla yen
Dr. Fatih Canan; Prof. Dr. Ahmet Ataoğlu, Düzce Üniversitesi Tıp Fakültesi, Psikiyatri Anabilim Dalı, Düzce. Anksiyete, Depresyon ve Problem Çözme Becerisi Algısı Üzerine Düzenli Sporun Etkisi. Anatolian Journal of Psychiatry 2010; 11:38-43
http://www.academia.edu/22418596/The_influence_of_sports_on_anxiety_depression_and_perceived_problem_solving_ability

121. Düzgün otur hızlı oku
Doç. Dr. Hüdaverdi Bircan, Cumhuriyet Üniversitesi İktisadi ve İdari Bilimler Fakültesi İşletme Bölümü; Mesut Biyan, MEB öğretmen. Oturuş Şeklinin Vücut Sağlığı ve Okuma Hızı Üzerindeki Etkisinin Hotelling T2 Yöntemi ile İncelenmesi. Atatürk Üniversitesi Sosyal Bilimler Enstitüsü Dergisi Nisan 2016 20 (2): 731-744
http://dergipark.gov.tr/download/article-file/265542

122. Sanat ve bilim işbirliği
University of Houston. "Art could help create a better 'STEM' student."
https://www.sciencedaily.com/releases/2013/12/131203091633.htm

123. Gönüllü çalışma yasadışı faaliyet oranını azaltıyor
University of Iowa. (2017, January 3). More volunteering as teens leads to less criminal activity as adults. ScienceDaily. Retrieved November 23, 2017 from

124. Öğretmenler yeni nesillerin kahramanıdır
University of Cambridge. "Positive teacher-student relationships boost good behavior in teenagers for up to 4 years." ScienceDaily. ScienceDaily, 9 August 2016.

125. Hareket et genç kal
Bilal Biçer, Bekir Yüktaşır, H. Birol Yalçın, Fatih Kaya
Marmara Üniversitesi, BESYO/İstanbul
Abant İzzet Baysal Üniversitesi, BESYO/Bolu
http://e-dergi.atauni.edu.tr/ataunibesyo/article/view/1025002528/1025002537
Öğrenme Her Yaşta

126. Protégé etkisi – Öğreterek öğrenme
Chase, C. C., Chin, D. B., Oppezzo, M. A., & Schwartz, D. L. (2009). Teachable Agents and the Protege Effect: Increasing the Effort towards Learning. Journal Of Science Education And Technology, 18(4), 334-352

127. Uykumuza gereken önemi veriyor muyuz?
Sleep, Cancer, University Hospitals, The New York Times, The Huffington Post, Annals of Internal Medicine, UC Berkeley, Carnegie Mellon University, European Heart Journal, American Journal of Epidemiology, DrowsyDriving.org

128. Spot ışığı etkisi
Gilovich, T., Medvec, V. H., & Savitsky, K. (2000). The spotlight effect in social judgment: An egocentric bias in estimates of the salience of one's own actions and appearance. Journal of Personality and Social Psychology, 78, 211-222

129. Duyduğumuz minneti ifade etmek mutluluğumuzu artırıyor
Pursuing Happiness: The Architecture of Sustainable Change, Sonja Lyubomirsky University of California, Riverside Kennon M. Sheldon University of Missouri—Columbia http://sonjalyubomirsky.com/wp-content/themes/sonjalyubomirsky/papers/LSS2005.pdf
https://www.youtube.com/watch?v=oHv6vTKD6lg&list=PLzvRx_johoA94j1Jbq18J-fEaB_NgvcHn&index=1

130. Ganzfeld Etkisi
Honorton, Charles; Psychology and Mental Health, The Journal of Parapsychology, 1993, Parapsychology Press

131. Duyguların efendisi: Kalp
Heart Math the coherent heart ; heart brain interactions, psychopysiological coherence integral review december 2009 vol 5 no 2
http://integral-review.org/documents/McCraty%20et%20al,%20Coherent%20Heart,%20Vol.%205%20No.%202.pdf

132. Maharishi Etkisi
Hagelin, J.S., Rainforth, M.V., Cavanaugh, K.L.C. et al. Social Indicators Research (1999)
Maharishi Foundation International – Maharishi's Transcendental Meditation, Maharishi Vedic University, the Netherlands, 2013

133. Sirkadiyen saat
Cansu Özbayer, İrfan Değirmenci, "Sirkadiyen Saat, Hücre Döngüsü ve Kanser", *Dicle Tıp Dergisi*, 2011
Minors DS, waterhouse JM, Occupational Medicine Philadelphia, PA
http://europepmc.org/abstract/med/2203153

134. Doğru postür duyguları etkiliyor
Michalak, J., Rohde, K., & Troje, N. F. (2014). How we walk affects what we remember: Gait modifications through biofeedback change negative affective memory bias. Journal of Behavior Therapy and Experimental Psychiatry, 46, 121-125

135. Cömert insanlar daha mutlu yaşıyorlar
Soyoung Q. Park, Thorsten Kahnt, Azade Dogan, Sabrina Strang, Ernst Fehr, Philippe N. Tobler. A neural link between generosity and happiness. Nature Communications, 2017

136. İşyerinde özerklik refah ve tatmini olumlu yönde etkiliyor
Daniel Wheatley. Autonomy in Paid Work and Employee Subjective Well-Being. Work and Occupations, 2017

137. Hayal gücünün sabır üzerindeki etkisi
University of California - Berkeley Haas School of Business. "Be more patient? Imagine that: Neuroscientists find links between patience, imagination in the brain." ScienceDaily. ScienceDaily, 4 April 2017

138. Düşünme ve problem çözmek gibi işlevler kaygı bozukluğuna karşı koruma sağlıyor
"Prefrontal Executive Control Rescues Risk for Anxiety Associated with High Threat and Low Reward Brain Function," Matthew A. Scult, Annchen R. Knodt, Spenser R. Radtke, Bartholomew D. Brigidi and Ahmad R. Hariri. Cerebral Cortex, Nov. 17, 2017 (online) DOI: 10.1093/cercor/bhx304
https://today.duke.edu/2017/11/brain-activity-buffers-against-worsening-anxiety

139. Beslenme şeklimiz duygu durumumuzu etkiliyor
Allison R. Bond, Heather F. Mason, Chelsey M. Lemaster, Stephanie E. Shaw, Caroline S. Mullin, Emily A. Holick, Robert B. Saper. Embodied health: the effects of a mind–body course for medical students. Medical Education Online, 2013; 18 (0) DOI: 10.3402/meo.v18i0.20699
https://indigodergisi.com/2016/03/ne-yersen-osun-mutlu-mutsuz-besinler

140. Doğal yaşam mucizesi
http://www.jacionline.org/article/S0091-6749(12)00516-7/fulltext

141. Şükretmek en iyi ilaçtır
Robert A. Emmons, Proffessor of Psychology at UC Davis, (2010) Why Gratitude Is Good - https://greatergood.berkeley.edu/article/item/why_gratitude_is_good
http://ucdmc.ucdavis.edu/welcome/features/2015-2016/11/20151125_gratitude.html

142. Özrü kan basıncından büyük
Beverly Engel, (2002). The Power of Apology, John Wiley & Sons
Witvliet, Charlotte V. O., Everett L. Worthington, Lindsey M. Root, Amy F. Sato, Thomas E. Ludwig, and Julie J. Exline. "Retributive Justice, Restorative Justice, and Forgiveness: An Experimental Psychophysiology Analysis." Journal of Experimental Social Psychology 44, no. 1 (January 2008): 10–25. doi:10.1016/j.jesp.2007.01.009

143. Çocuklar her şeyi hisseder
Acoustical Society of America (ASA). "How do children hear anger?" ScienceDaily. ScienceDaily, 1 December 2016
https://www.sciencedaily.com/releases/2016/12/161201172312.htm

144. Zihin sessizleşirse beden iyileşir
Williams, F. (2016). This is your brain on nature. National Geographic, 34-67
http://www.nationalgeographic.com/magazine/2016/01/call-to-wild
http://eprints.gla.ac.uk/138921/1/138921.pdf

145. Prososyal harcama
Is spending money on others good for your heart? Ashley Whillans, Department of Psychology, The University of British Columbia
https://ashleyatubc.files.wordpress.com/2011/01/ha_final_approved.pdf

146. Suyun bilgeliği
Spor ve Performans Araştırmaları Dergisi, Journal of Sports and Performance Researches
http://dergipark.ulakbim.gov.tr/omuspd/article/view/5000202778/5000179348

147. Hayvan destekli tedaviler
http://ajcc.aacnjournals.org/content/16/6/575.full
https://www.ncbi.nlm.nih.gov/pubmed/11119784

148. Manevi mutluluğun bağışıklık sistemi üzerindeki etkileri
http://newsroom.ucla.edu/releases/don-t-worry-be-happy-247644
https://www.ncbi.nlm.nih.gov/pmc/articles/PMC3746929

149. Kendine çok yüklenme
Katie E. Gunnell, Amber D. Mosewich, Carolyn E. McEwen, Robert C. Eklund, Peter R.E. Crocker. Don't be so hard on yourself! Changes in self-compassion during the first year of university are associated with changes in well-being. Personality and Individual Differences, 2017; 107: 43 DOI: 10.1016/j.paid.2016.11.032
https://www.sciencedaily.com/releases/2017/01/170130092100.htm

150. İfaden güzelliğindir
https://www.scientificamerican.com/article/smile-it-could-make-you-happier
https://www.cardiff.ac.uk/news/view/45697-treating-laughter-lines-leaves-patients-feeling-more-depressed

151. Gülümseyerek acıyı azalt
http://citeseerx.ist.psu.edu/viewdoc/download?doi=10.1.1.832.6320&rep=rep1&type=pdf
http://sciencenetlinks.com/science-news/science-updates/smiling-pain

152. Yaşlı çınarlar sevgi bekler
Ondokuz Mayıs Üniversitesi Tıp Fakültesi Hastanesi, 2008
http://openaccess.acibadem.edu.tr:8080/xmlui/handle/11443/230

153. Zorbalık sağlığı da etkiliyor
https://www.psychologicalscience.org/news/releases/childhood-bullying-linked-to-health-risks-in-adulthood.html

154. Genlerin bir kısmı senin elinde
https://www.kcl.ac.uk/ioppn/news/records/2017/06-June/Epigenetic-changes-at-birth-could-explain-later-behaviour-problems.aspx

155. Beden anıları saklıyor
Fuchs T. (2012) Body Memory and the Unconscious. In: Lohmar D., Brudzinska J. (eds) Founding Psychoanalysis Phenomenologically. Phaenomenologica (Published Under the Auspices of the Husserl-Archives), vol 199. Springer, Dordrecht
https://link.springer.com/chapter/10.1007%2F978-94-007-1848-7_4

156. Bitkiler insanın duygu ve düşüncelerine tepki veriyor
Jenkins, H. 'Cleve Backster'. Psi Encyclopedia. Accessed [today's date] https://psi-encyclopedia.spr.ac.uk/articles/cleve-backster
https://psi-encyclopedia.spr.ac.uk/articles/cleve-backster

157. Baba-kız ilişkisi
Vanderbilt University. "Father-Daughter Relationship Crucial To When Girls Enter Puberty, Researchers Say." ScienceDaily. ScienceDaily, 27 September 1999
https://www.sciencedaily.com/releases/1999/09/990927064822.htm

158. Ben kimim?
Lindsey Streamer, Mark D. Seery. Who am I? The interactive effect of early family experiences and self-esteem in predicting self-clarity. Personality and Individual Differences, 2015; 77: 18 DOI: 10.1016/j.paid.2014.12.034

159. Merhamet her çocuğun kalbinde vardır
http://www.eva.mpg.de/documents/Sage/Hepach_Young_PsychScience_2012_1567500.pdf

160. Sıkıntılarından kaçma
Carmen K. Oemig Dworsky, Kenneth I. Pargament, Serena Wong, Julie J. Exline. Suppressing spiritual struggles: The role of experiential avoidance in mental health. Journal of Contextual Behavioral Science, 2016; 5 (4): 258 DOI: 10.1016/j.jcbs.2016.10.002
www.sciencedaily.com/releases/2016/12/161205111017.htm

161. Affetmenin sağlığımıza olumlu etkisi
Dr. Fred Luskin, F. M. (2003) Forgive for Good: A Proven Prescription for Health and Happiness. Harper Collins: San Francisco. ISBN: 9780062517210

162. Anne-çocuk ilişkisi ve epigenetik
Peter Jon Mitchell; Maternal Cares: What Science is Teaching Us About The Nature of Nurturing our Young, April 1, 2007
https://www.imfcanada.org/sites/default/files/Maternal_Cares.pdf

163. Gençlere bir not: Nefes alın
Dara G. Ghahremani, Eugene Y. Oh, Andrew C. Dean, Kristina Mouzakis, Kristen D. Wilson, Edythe D. London. Effects of the Youth Empowerment Seminar on Impulsive Behavior in Adolescents. Journal of Adolescent Health, 2013; 53 (1): 139 DOI: 10.1016/j.jadohealth.2013.02.010
https://www.sciencedaily.com/releases/2013/07/130709143528.htm

164. Az laf çok iş
https://simplelifestrategies.com/why-talking-too-much-can-hinder-success

165. Empatik öğretmenler çocukların öğrenme motivasyonunu artırıyor
University of Eastern Finland. "Empathetic teachers enhance children's motivation for learning." ScienceDaily. ScienceDaily, 3 November 2015
www.sciencedaily.com/releases/2015/11/151103064738.htm

166. Yaratıcılıkta sağ-sol beyin işbirliği
L. Aziz-Zadeh, S.-L. Liew, F. Dandekar. Exploring the Neural Correlates of Visual Creativity. Social Cognitive and Affective Neuroscience, 2012; DOI: 10.1093/scan/nss021
www.sciencedaily.com/releases/2012/03/120305132438.htm

167. Biberiye aroması hafızayı geliştiriyor
https://www.sciencedaily.com/releases/2017/05/170502204545.htm
British Psychological Society. "Rosemary aroma can aid children's working memory: Exposure to the aroma of rosemary essential oil can significantly enhance working memory in children." ScienceDaily. ScienceDaily, 2 May 2017

168. Biyofoton: Yaşamın ışıkla dansı
http://www.greenmedinfo.com/blog/biophotons-human-body-emits-communicates-and-made-light
http://www.photonics.com/Article.aspx?AID=53391
http://www.transpersonal.de/mbischof/englisch/webbookeng.htm

169. Dolanıklık
https://physics.aps.org/articles/v8/123
https://arxiv.org/ftp/quant-ph/papers/0402/0402001.pdf
https://plato.stanford.edu/entries/qt-entangle/

170. Nöroplastisite: Beynini yeniden inşa et
Dr. Joseph Dispenza - What The Bleep? Down The Rabbit Hole

171. Sadece sevgi dolu ol
Aronson, E., Willerman, B. & Floyd, J. Psychon Sci (1966) 4: 227
https://doi.org/10.3758/BF03342263
https://link.springer.com/content/pdf/10.3758%2FBF03342263.pdf

172. Geleneksel ve tamamlayıcı tıbbi tedavinin birlikte kullanılması, ameliyat öncesi anksiyeteyi azaltıyor
University of Haifa. "Combination of complementary medicine, standard care helps reduce pre-op anxiety." ScienceDaily. ScienceDaily, 29 September 2016
www.sciencedaily.com/releases/2016/09/160929092816.htm

173. Şekerli içecek yerine su
Kiyah Duffey, Jennifer Poti. Modeling the Effect of Replacing Sugar-Sweetened Beverage Consumption with Water on Energy Intake, HBI Score, and Obesity Prevalence. Nutrients, 2016; 8 (7): 395 DOI: 10.3390/nu8070395
http://www.mdpi.com/2072-6643/8/7/395

174. Ekrana bağımlı çocuklar çok mutsuz
Jean M. Twenge, Gabrielle N. Martin, W. Keith Campbell. Decreases in Psychological Well-Being Among American Adolescents After 2012 and Links to Screen Time During the Rise of Smartphone Technology. Emotion, 2018; DOI: 10.1037/emo0000403

175. Meditasyon genetik ve moleküler değişime yol açıyor
Perla Kaliman, María Jesús Álvarez-López, Marta Cosín-Tomás, Melissa A. Rosenkranz, Antoine Lutz, Richard J. Davidson. Rapid changes in histone deacetylases and inflammatory gene expression in expert meditators. Psychoneuroendocrinology, 2014; 40: 96 DOI: 10.1016/j.psyneuen.2013.11.004
https://www.sciencedaily.com/releases/2013/12/131208090343.htm

176. Bağımlılık tedavisinde yeni dönem: Yardım etmek
http://helpingotherslivesober.org/documents/publications/Love-and-Service-in-Adolescent-Addiction-Recovery.pdf

177. "Sürekli gelişim stratejisi" olarak Kaizen
http://lifehacker.com/get-better-at-getting-better-the-kaizen-productivity-p-1672205148

178. Müzik hastalıkların da şifasıdır
Prof. Dr. Bingür Sönmez, Memorial Hastanesi Kalp Cerrahisi Bölüm Başkanı

179. "Aktif yaşlılık" kavramı
http://dergisosyalbil.selcuk.edu.tr/susbed/article/view/434/416

180. Yaratıcı drama
http://yader.org/index.php/yader/article/view/160

181. Bitkiler fiziksel teması hissediyor
A two-phase mitochondrial stress response, Olivier Van Aken, Inge De Clercq, aneta ivanova, Simon R Law, Frank Van Breusegem, A. Harvey Millar, James Whelan, Plant Physiology May 2016, pp.00273.2016; DOI: 10.1104/pp.16.00273
http://www.plantphysiol.org/content/early/2016/05/09/pp.16.00273

182. Plasebo etkisi kırık kalbini onarabilir
Leonie Koban, Ethan Kross, Choong-Wan Woo, Luka Ruzic, Tor D. Wager. Frontal-Brainstem Pathways Mediating Placebo Effects on Social Rejection. The Journal of Neuroscience, 2017; 37 (13): 3621 DOI: 10.1523/JNEUROSCI.2658-16.2017
University of Colorado at Boulder. "The placebo effect can mend a broken heart too, study shows." ScienceDaily. ScienceDaily, 24 April 2017
www.sciencedaily.com/releases/2017/04/170424141213.htm

183. Sevdiğinizin kokusu, stres seviyenizi düşürebilir
Hofer, M. K., Collins, H. K., Whillans, A. V., & Chen, F. S. (2018). Olfactory cues from romantic partners and strangers influence women's responses to stress. Journal of Personality and Social Psychology, 114(1), 1-9
http://dx.doi.org/10.1037/pspa0000110

184. Acıyı zihninde bitir
https://academic.oup.com/jpepsy/advance-article-abstract/doi/10.1093/jpepsy/jsx129/4558507?redirectedFrom=fulltext
Jeffrey I. Gold, Nicole E. Mahrer. Is Virtual Reality Ready for Prime Time in the Medical Space? A Randomized Control Trial of Pediatric Virtual Reality for Acute Procedural Pain Management. Journal of Pediatric Psychology, 2017; DOI: 10.1093/jpepsy/jsx129

185. Yeni gençlik iksiri: Yüz yogası
Murad Alam, MD, MSCI, MBA1,2,3; Anne J. Walter, MD, MBA1,7; Amelia Geisler, BS1; et al. Association of Facial Exercise With the Appearance of Aging. JAMA Dermatol. Published online January 3, 2018. doi:10.1001/jamadermatol.2017.5142

186. Mikroplar her zaman kötü değildir
http://onlinelibrary.wiley.com/doi/10.1111/all.12545/full
http://pediatrics.aappublications.org/content/early/2016/07/07/peds.2016-0443?utm_source=AOL&utm_medium=readMore&utm_campaign=partner

187. Topraklamanın insan sağlığındaki önemi
http://goksinbalim.com.tr/main/kurumsal_alt/tr/grounding

188. Spontane iyilik mi, planlı iyilik mi?
Peter Reuell. Rapid acts of kindness. The Harvard Gazete. Published online, September 20, 2012
https://news.harvard.edu/gazette/story/2012/09/rapid-acts-of-kindness

189. İşyerinde yapılan küçük iyi niyet gösterilerinin olumlu etkileri
Alex Fradera. Everyday Prosociality in the Workplace: The Reinforcing Benefitts of Giving, Getting, and Glimpsing. British Psychological Society Research Digest, Published online July 4, 2017
https://digest.bps.org.uk/2017/07/04/small-acts-of-kindness-at-work-benefit-the-giver-the-receiver-and-the-whole-organisation

190. Şükretmenin önemi
https://greatergood.berkeley.edu/images/application_uploads/Emmons-CountingBlessings.pdf

191. Biraz meditasyon biraz spor
Galante, J., Bekkers, M.-J., Mitchell, C. and Gallacher, J. (2016), Loving-Kindness Meditation Effects on Well-Being and Altruism: A Mixed-Methods Online RCT. Appl Psychol Health Well-Being, 8: 322–350. doi:10.1111/aphw.12074

192. Yetişkinler de masal sever
https://www.ncbi.nlm.nih.gov/pmc/articles/PMC4637362

193. Kadınlara destek
https://www.ncbi.nlm.nih.gov/pmc/articles/PMC4651211

194. Güzel hisset mutlu ol
Kaczmarek, L., Enko, J., Awdziejczyk, M., Hoffmann, N., Białobrzeska, N., Mielniczuk, P., & Dombrowski, S. (2014). Would You Be Happier If You Looked Better? A Focusing Illusion Journal of Happiness Studies, 17 (1), 357-365 DOI: 10.1007/s10902-014-9598-0

195. Sağlıklı beslenme enflamasyonu yok ediyor
Anette Christ, Patrick Günther, Mario A.R. Lauterbach, Peter Duewell, Debjani Biswas, Karin Pelka, Claus J. Scholz, Marije Oosting, Kristian Haendler, Kevin Baßler, Kathrin Klee, Jonas Schulte-Schrepping, Thomas Ulas, Simone J.C.F.M. Moorlag, Vinod Kumar, Min Hi Park, Leo A.B. Joosten, Laszlo A. Groh, Niels P. Riksen, Terje Espevik, Andreas Schlitzer, Yang Li, Michael L. Fitzgerald, Mihai G. Netea, Joachim L. Schultze, Eicke Latz. Western Diet Triggers NLRP3-Dependent Innate Immune Reprogramming. Cell, 2018; 172 (1-2): 162 DOI: 10.1016/j.cell.2017.12.013

196. Meditasyon ve beyindeki alfa ritmi
Catherine E. Kerr, Stephanie R. Jones, Qian Wan, Dominique L. Pritchett, Rachel H. Wasserman, Anna Wexler, Joel J. Villanueva, Jessica R. Shaw, Sara W. Lazar, Ted J. Kaptchuk, Ronnie Littenberg, Matti S. Hämäläinen, Christopher I. Moore. Effects of mindfulness meditation training on anticipatory alpha modulation in primary somatosensory cortex. Brain Research Bulletin, 2011; DOI: 10.1016/j.brainresbull.2011.03.026
https://www.sciencedaily.com/releases/2011/04/110421122337.htm

197. Sanatın matematiği
Dr. Georgi Lonunou, Müzik Destekli Matematik Çalışmaları Deneyi, Bulgaristan Ulusal İyilik Sempozyumu Bildiriler Kitabı, Sf. 461
https://books.google.com.tr/books?id=8Ez0l17izl4C&printsec=frontcover&dq=I.Ulusal+%C4%B0yilik+Sempozyumu+Bildiriler+Kitab%C4%B1&hl=tr&sa=X&ved=0ahUKEwjv6-iins_TAhURU1AKHa1oBJQQ6AEIJTAA#v=onepage&q=I.Ulusal%20%C4%B0yilik%20Sempozyumu%20Bildiriler%20Kitab%C4%B1&f=false

198. Etkin ilaç: Bir doz gülümseme
Dr. William B. Strean, Reçeteniz: Gülmek
https://www.ncbi.nlm.nih.gov/pmc/articles/PMC2762283
http://www.lifehack.org/articles/lifestyle/7-scientific-reasons-why-should-laugh-more.html

199. Kendini tanı
http://www.springer.com/gp/about-springer/media/research-news/all-english-research-news/know-thyself-to-un derstand-others/12295282

200. İyilik katlanarak artıyor
Inga Kiderra. Pay It Forward' Pays Off. UC San Diego News Center, published online March 05, 2010
http://ucsdnews.ucsd.edu/archive/newsrel/soc/03-08ExperimentalFindings.asp

201. Zihinsel egzersiz
Sofie L. Valk et al. Structural plasticity of the social brain: Differential change after socio-affective and cognitive mental training. Science Advances, 2017 DOI: 10.1126/sciadv.1700489
https://www.sciencedaily.com/releases/2017/10/171004142653.htm

202. Kalbini açana yabancı mı kalır bu cihanda?
University of Zurich - Empathy with strangers can be learned
http://www.media.uzh.ch/en/Press-Releases/archive/2015/empathie.html

203. Depresyon için kabul ve kararlılık terapisi
https://www.ncbi.nlm.nih.gov/pubmed/23607328
https://www.psychologytoday.com/blog/two-takes-depression/201102/introduction-acceptance-and-commitment-therapy

204. Hayal gerçeğin yapıtaşıdır
Jim Davies Ph.D. – The Science of Imagination
https://www.psychologytoday.com/blog/the-science-imagination/201208/imaginationaccording-science-engineering-and-philosophy

205. Kendini gerçekleştirme olgusu ne ifade ediyor?
Jaimie Arona Krems, Douglas T. Kenrick, Rebecca Neel. Individual Perceptions of Self-Actualization: What Functional Motives Are Linked to Fulfilling One's Full Potential? Personality and Social Psychology Bulletin, 2017; 014616721771319 DOI: 10.1177/0146167217713191
https://www.sciencedaily.com/releases/2017/07/170712145639.htm

206. Motivasyon hem içeriden hem dışarıdan desteklenmeli
https://www.researchgate.net/publication/289963001_Intrinsic_and_Extrinsic_Motivations_Classic_Definition_and_New_Directions

207. Farkındalık ve meditasyon eğitimi beyin yapısını değiştiriyor
Britta K. Hölzel, James Carmody, Mark Vangel, Christina Congleton, Sita M. Yerramsetti, Tim Gard, Sara W. Lazar. Mindfulness practice leads to increases in regional brain gray matter density. Psychiatry Research: Neuroimaging, 2011; 191 (1): 36 DOI: 10.1016/j.pscychresns.2010.08.006
https://www.sciencedaily.com/releases/2011/01/110121144007.htm

208. Tıp öğrencilerinde tükenmişlik sendromuna karşı meditasyon
Wake Forest Baptist Medical Center. "Medical students taught meditation techniques to prevent burnout, improve care." ScienceDaily. ScienceDaily, 30 October 2013.
https://www.sciencedaily.com/releases/2013/10/131030185403.htm

209. Mutlu olmak elimizde: Mutluluk stratejileri
Erica Schütz, Uta Sailer, Ali Al Nima, Patricia Rosenberg, Ann-Christine Andersson Arntén, Trevor Archer, Danilo Garcia. The affective profiles in the USA: happiness, depression, life satisfaction, and happiness-increasing strategies. PeerJ, 2013; 1: e156 DOI: 10.7717/peerj.156

210. Sarılmanın etkileri
https://www.npr.org/templates/story/story.php?storyId=128795325